Für alle empathischen Wesen

Marko Leester

Das Fließen der Wirklichkeit

Marko Leester

Das Fließen der Wirklichkeit

Bibliografische Information der Deutschen Nationalbibliothek:

Die Deutsche Nationalbibliothek verzeichnet diese Publikation in der Deutschen Nationalbibliografie; detaillierte bibliografische Daten sind im Internet über https://www.dnb.de abrufbar.

Herstellung und Verlag: BoD – Books on Demand, Norderstedt

ISBN: 978-3-7583-1022-5

Inhaltsverzeichnis

Einleitung

Die Psyche eines Entführungsopfers entwickelt nach einer gewissen Zeit eine neue Überlebensstrategie. Sie passt sich dem Entführer an. Hat sie damit keinen Erfolg, muss sie, um das Überleben zu sichern, entweder eine Strategie zur Revolte oder zur Flucht entwickeln.

Dem raumzeitlichen Sein kannst du vorerst nicht entkommen. Du kannst dich anpassen, aber wenn du dich damit nicht wohl fühlst, dann bleibt dir nur die Suche nach dem Ursprung des Dilemmas. Du könntest noch so viele Menschen beeinflussen oder um dich scharen, das raumzeitliche Sein scheint übermächtig zu sein.

Aber es ist gar nicht das raumzeitliche Sein selbst, das für ein bestimmtes Unwohlsein irgendwo in der Tiefe deines Bewusstseins sorgt, sondern es sind Überzeugungen, die in deinem Unbewussten brodeln. Dies sind zum einen Traumata und bezugspersönliche Suggestionen, die in Überzeugungen umgewandelt worden sind, und zum anderen die Grundüberzeugung, in einem einzigen räumlichen, scheinbar willkürlich und unberechenbar auf dich einwirkenden Universum zu leben. Diese Grundüberzeugung ist die Folge deines Urtraumas, das ganz tief in dir brodelt, ohne dass du dir dessen bewusst wärst. Und zusammen mit diesem Trauma in deiner eigenen Tiefe verborgen liegt das Bewusstsein der Wahrheit.

Werden Kindern Ideen vermittelt, dann gehen sie spielerisch mit ihnen um, so als sei es das Einfachste, was es gibt. Selbst wenn Generationen vor ihnen dieses für gehobenes Denken hielten. Es geht bei neuen Erkenntnissen nicht darum, etwas geistig Überdurchschnittliches zu leisten, sondern die bisher unterdurchschnittliche Informationsdecke zu erweitern. Bei Kindern hat sich da noch nicht viel festgesetzt, das ihnen im Wege stehen könnte.

Der Grund, warum unsere frühkindlichen Bezugspersonen uns unbewusst mit eingeschränkten Informationen versorgen, ist einfach der, dass ihnen gewisse Wahrheiten nicht gefallen. Sie passen nicht in ihr Verständnis von Wirklichkeit und sie verneinen diese deshalb. Der Grund für dieses Nichtgefallen ist der Schlüssel zum Zugang zur Wahrheit.

Ich lade dich ein, mittels dieses Buches das Vertraute in Frage zu stellen und auf diese Weise zu einer neuen Denkweise zu gelangen.

Du begibst dich über naturwissenschaftliche Erkenntnisse, psychologische Zusammenhänge und durch praktische Erfahrungen bis zu spirituellen Antworten.

Zur Vermeidung unbeabsichtigter Assoziationen und zum richtigen Verstehen des Gesamtkontext, werden Begriffe wie „Über-Ich" oder „Ego" nicht verwendet.

-1-

Wesentliche naturwissenschaftliche Errungenschaften

Suggestive Vorgaben

In deinem Bewusstsein befinden sich sogenannte Wahrnehmungsschablonen, durch die du deine Wirklichkeit Moment für Moment erfährst. Gemeint sind die von deinen frühkindlichen Bezugspersonen übernommenen vorgefertigten Meinungen, die seit deiner Kindheit suggestiv in deinem Bewusstsein wirken und zu festen Überzeugungen wurden.

Diese Überzeugungen bilden die Grundlage jeglicher Interpretation des Wahrgenommenen. Du interpretierst deine Wahrnehmung dementsprechend laut Vorgaben und nicht selbstbestimmt, wie du vielleicht meinst. Der Fokus deiner Aufmerksamkeit richtet sich laufend nach diesen Vorgaben und bestimmt auf diese Weise die Zusammensetzung deiner momentanen Wahrnehmung.

Ich möchte dir eine Geschichte erzählen, die dir diesen Mechanismus illustrieren soll. Stelle dir die folgende Szene in einem englischen Landhaus gegen

Ende des 19. Jahrhunderts bildlich vor. In einem Salon auf einem Teppich vor einem großen Tisch liegen James und Jane. Sie sind tot. Neben den beiden liegen Glasscherben und der Teppich ist leicht angefeuchtet. Denkst du vielleicht gerade, dass es sich hier um menschliche Leichen handeln muss, die sehr wahrscheinlich durch Getränke vergiftet wurden?

Genauso gut könnten dort zwei Goldfische auf dem Teppich liegen. Ihr Goldfischglas könnte durch eine Katze heruntergefallen sein, die dann erschrocken floh. Dein Bewusstsein hat eine menschliche Existenz von Jane und James aufgrund von vorgefertigten Meinungen automatisch angenommen und ergänzt.

Die vorgefertigten Meinungen, die aus den manifestierten Überzeugungen deines Bewusstseins hervortreten, bestimmen den Fokus deiner Aufmerksamkeit und damit auch deine persönliche Auffassung deiner Wirklichkeit, die, wie du gerade erfahren konntest, nicht unbedingt wahr sein muss.

Dies gilt auch für Überzeugungen über die Zusammensetzung der Welt, die du alltäglich wahrnimmst. Ohne es bewusst zu wissen, unterliegst du einem raumzeitlich geprägten Rationalismus, der jegliche subjektive Erfahrung ausschließt, sofern sie nicht empirisch belegbar ist.

Hierzu zählen unter anderem sogenannte paranormale Erfahrungen. Damit sind keine außerirdischen Untertassen gemeint, sondern Erfahrungen, die nicht in das allgemeine Verständnis von Zeit und Raum passen. Dazu zählen beispielsweise Phänomene wie zeitgleiche und identische Träume oder Anzeichen für Gedankenübertragungen.

Solche Erfahrungen gehören nicht zum allgemeinen Bild der Wirklichkeit und werden deshalb von vornherein ausgeklammert. Menschen, die solches erleben, trauen sich meist nicht, davon zu berichten, um nicht als verrückt abgestempelt zu werden.

Auch das Denken an sich ist von diesem Mechanismus befallen. Schon als Schüler erlebte ich, dass es nicht gefragt gewesen ist, eigene Wege zu gehen, sondern Lösungen durch den vorgefertigten Weg des Lehrers zu finden. Auf diese Weise wird lediglich fremdbestimmtes Denken gefördert. Ein differenziert denkender Schüler wird beispielsweise verzweifeln, wenn er von einem nicht differenziert denkenden Lehrer die Aufgabe bekommt, zwei Punkte auf einem Blatt Papier auf die Art zu verbinden, dass der kürzeste Abstand zwischen den beiden Punkten erreicht wird.

Sein eigentliches Problem ist, dass er nicht genau weiß, was gemeint ist, da es viele verschiedene Möglichkeiten gibt, diese Aufgabe zu lösen. Während der Lehrer selbst einen simplen Strich auf dem Papier im Sinn hatte, stehen dem Schüler verschiedene Wege offen. Er könnte sich beispielsweise über die zwei-dimensionale Fläche des Blattes hinwegsetzen, das dadurch ersichtlich gewordene dreidimensionale Potenzial erkennen und die Punkte mittels einer

Stecknadel verbinden, so dass diese ohne den geringsten Abstand direkt aufeinanderliegen. Der Lehrer klammert aufgrund der vorgefertigten Meinungen, die er selbst in seinem Leben entwickelt hat, die Möglichkeiten einfach aus, die sich hier aus der Dreidimensionalität ergeben.

So wie er es einst nicht durfte, sollen seine Schüler auch nicht die Freiheit ausleben, selbstbestimmt zu denken. Jetzt kostet er unbewusst seine Rache aus und verlangt von den Schülern, seine Wege zu versuchen. Der mündige Schüler hingegen probiert differenziert und selbstbestimmt aus, statt der Limitierung durch die Fremdbestimmung des Lehrers zu erliegen. Auf diese Weise lernt er Denkbarrieren und Problem-lösungen nicht zu scheuen.

Solange wir alles mit unserem uns suggerierten Vorgaben in Einklang bringen und Neues lediglich versuchen, bewegen wir uns nicht von der Stelle. Nur wer mutig ausprobiert, kommt zu neuen Ergebnissen.

Stelle dich selbst und alles Bekannte in Frage, so wie ein Kind, das ständig warum fragt. Lass neue Gedanken und Überzeugungen zu. Entreiße dich selbst der langweiligen sogenannten Realitätsvernunft und entkomme dem Sozialisationsprinzip, das dich gesellschaftsfähig machen soll, so dass andere über dich hinweg bestimmen, ob du dies oder das tust. Dein Leben dreht sich sonst laufend um den Konsum verschiedenster Dinge, um die unbefriedigende Lethargie auszugleichen, die durch deine bezugs- persönlichen Überzeugungen entsteht, während diese deine selbstbestimmten Impulse blockieren.

Du hast von Geburt an ein Potenzial zur Selbst- entfaltung mit einer Vielzahl von Möglichkeiten. Nun wirst du von Eltern, Geschwistern, Verwandten, Erziehern, Lehrern usw. sozialisiert. Dadurch werden deine Möglichkeiten auf ein Minimum reduziert. Du bist auf äußere Impulse angewiesen und bist einem Wettbewerb mit anderen ausgesetzt. Durch deine Erziehung bekommst du dann nicht nur einen Platz innerhalb der Gesellschaft zugewiesen, du bist auch im besten Sinne fremdbestimmt.

Du könntest jetzt sagen, dass dies nun mal so sei. Wer etwas werden möchte, muss sich erstens anpassen und zweitens leistungsfähig sein. So ist es aber nicht.

Die Wahrheit ist eine andere

Es herrschte einst die Vorstellung, die Erde sei eine Scheibe. Diese Vorstellung änderte sich erst, als die Beweise für das Planetenmodell erdrückend wurden. Heute herrscht die Vorstellung eines einzelnen Universums, bestehend aus Galaxien mit darin enthaltenen Sternen- und Planetensystemen. Dieses Universum enthält einen unvorstellbar großen Raum, der sich scheinbar unendlich ausdehnt, wobei immer wieder neue Theorien aufgestellt wurden und werden. Was der Raum an sich ist, ist nicht eindeutig festlegbar. Und was die Materie angeht, so herrscht die Vorstellung, dass diese in ihren kleinsten Bestandteilen mindestens seit dem Urknall per se existiere.

Die Entstehung der komprimierten Materiebestand-
teile vor dem Urknall ist vollkommen ungeklärt. Es
existiert die Theorie eines sich ausdehnenden und
immer wieder kollabierenden Universums. Es ist
bereits die Rede von mehr als drei Dimensionen und
sogenannten Multiversen. Du siehst also, dass die
allgemeingültige Vorstellung eines einzelnen Universums bereits von neuen Ideen unterwandert wird,
so wie es einst der Idee der Scheibenwelt erging.

Die Annahme, dass Materie einfach per se existiere,
lässt sich bis zu den Lehren des Aristoteles zurück-
führen, der in seinen Grundaxiomen die Materie als
einfach vorhanden erklärte, wobei auch er auf der
Suche nach der sogenannten Quintessenz gewesen ist.
Die Rede ist vom fünften Element, aus dem alle
anderen Grundelemente wie Feuer, Wasser, Erde und
Luft hervorgehen.

Unser heutiges rationales Verständnis von Raum und
Zeit basiert ursprünglich auf der griechischen Lehre
der sogenannten kleinsten per se existierenden

Teilchen und zusätzlich auf den von Isaac Newton erarbeiteten physikalischen Gesetzen aus dem 17. Jahrhundert. Dadurch entwickelte sich eine Art vernunftbedingter Realitätssinn, der Materie per se als unveränderliches Dogma angenommen hatte. Das Prinzip von Ursache und Wirkung wurde ausschließlich auf Materie angewendet, worauf sich letztlich auch die Urknalltheorie stützt. Durch die Theorien von Albert Einstein siedelte sich zu dem Begriff des allgemeinen Raumes der Begriff der allgemeinen Zeit. Deshalb spricht man heute von der sogenannten allgemeinen Raumzeit.

Nie wurde allerdings offiziell erörtert, warum Ausnahmen Regeln bestätigen sollen (ich komme später noch darauf zurück). Nie wurde am Materialismus (naturwissenschaftlich definiert) gezweifelt. Dieser entwickelte sich sogar zur einzigen Orientierungskonstante innerhalb der Wahrnehmung, so dass alle erzielten Ergebnisse aus den Naturwissenschaften unter diesem Dogma interpretiert wurden und werden. Beispielsweise wurden die

Ergebnisse der Quantentheorie ein Jahrhundert lang ignoriert. Ein unreflektierter bzw. nicht differenziert und selbstständig denkender Wissenschaftler, der viele Jahre damit verbracht hat, sich an der Universität Wissen anzueignen und seinen Professoren nacheifert, interpretiert das, was er wahrnimmt und/oder untersucht, je nachdem, wie es seinem mit Suggestionen gefüllten Unterbewusstsein passt. Was beispielsweise nicht zum materiellen, relativen Raumzeitbild (Wahrnehmungs-Schablone) passt, wird bewusst oder unbewusst kategorisch abgelehnt.

So denkende Wissenschaftler würden darauf bestehen, dass Jane und James Menschen seien und der Mörder gefasst werden müsse. Für sie zählen nur Fakten innerhalb der wissenschaftlich bestätigten Naturgesetze. Nur kümmern sich Naturgesetze nicht darum, ob sie wissenschaftlich bestätigt sind oder nicht.

Materie ist nicht das Nonplusultra

Frage dich doch mal, wie du deine Außenwelt wahrnimmst. Die heutige Realitätsvernunft macht uns
glauben, wir seien objektive Beobachter einer von uns
unabhängigen Außenwelt. Das ist die sogenannte
exoterische Sicht der Welt. Erkenntnisse aus den
Naturwissenschaften lehren uns aber, dass es
eigentlich nicht um das Beobachtete geht, sondern um
den Beobachter selbst. Es geht also nicht um Objekte,
sondern um das Subjekt. So bist du nicht objektiver
Beobachter, sondern vielmehr subjektiver Teilnehmer
inmitten deiner Wahrnehmung bzw. Wirklichkeit.
Und als solcher hast du Einfluss auf das Geschehen
um dich herum.

Das Doppelspaltexperiment

Wenn du einen laserartigen Lichtstrahl durch zwei
sich eng nebeneinander befindende ganz schmale
Spalten laufen lässt, entsteht auf einer Leinwand
dahinter dementsprechend eine Abbildung mit zwei

schmalen Streifen, oder? Nein, eben nicht. Es wird ein Interferenzmuster mit mehreren nebeneinanderstehenden hellen und dunklen Streifen abgebildet.

Das sollte unmöglich sein, denn dort müsste nach den vermeintlich gültigen Gesetzen von Raum und Zeit eine Abbildung von zwei schmalen Linien entstehen. Diese Abbildung ist aber eben nicht dort. Es ist ein Interferenzmuster zu sehen, das einer Superposition entspricht.

Das würde bedeuten, dass jedes einzelne Lichtteilchen beide Spalten gleichzeitig durchquert. Denn wenn einige hier und einige dort durchgehen würden, würden auch nur zwei Linien abgebildet werden. Die Erklärung ist zunächst, dass jedes einzelne Lichtteilchen beide Spalten gleichzeitig als Lichtwelle durchquert. Deshalb kann erst ein Interferenzmuster entstehen. Weil das dem Bewusstsein so unglaublich erscheint, wurde genauer hingeschaut. Jetzt wirds komisch: Mit einem Messverfahren können einzelne Lichtteilchen beim Durchqueren entweder des einen oder des anderen Spaltes nachgewiesen werden und auf dem Bildschirm erscheinen dann auch nur die zwei schon vorher vermuteten Lichtstreifen.

Sobald also die einzelnen Teilchen beobachtet werden, verhalten sie sich wieder normal und durchqueren je nur einen Spalt und das Interferenzmuster verschwindet. Solange die Lichtteilchen unbeobachtet sind, befinden sie sich scheinbar in einem Wahrscheinlichkeitszustand. Erst durch eine Beobachtung findet eine Entscheidung statt, was mit den Teilchen geschieht.

Dieser als Doppelspaltexperiment bekannte Versuch stellt die Annahmen über die Zusammenhänge der Welt, die durch die klassische Physik beschrieben werden, völlig auf den Kopf. Daraus ergibt sich nämlich, dass jegliche Ergebnisse von Experimenten durch die Beobachtung selbst bestimmt werden. Das gilt für jede empirische Untersuchung, für jede noch so schöne Studie über jedes beliebige Thema und alles, was du beobachtest. Wenn du eine Studie machst, dann ist das Ergebnis der ganzen Untersuchung vom Beobachter abhängig und dieser Beobachter bist immer du.

Außerdem sind Wahrscheinlichkeitszustände nicht nur für Lichtteilchen, sondern sie sind für alle Teilchen möglich. Das gilt auch für die Teilchen, aus denen beispielsweise dein eigener Körper besteht.

Entropie

Das Konzept der Entropie besagt, dass alle Teilchen eines Bezugssystems ständig auseinanderstreben und Unordnung produzieren. Das Universum ist das größte bekannte Bezugssystem. Stelle dir zum Beispiel ein frisch aufgeräumtes Kinderzimmer vor. Alle Spielzeugteile sind fein säuberlich in Kisten sortiert und ordentlich auf Regalen verstaut. Der Fußboden ist vollkommen leer. Dieses Zimmer hat eine niedrige Entropie, weil sein Zustand sehr geordnet ist. Nun stelle dir ein Kind vor, das in diesem Zimmer spielt. Nach nur kurzer Zeit sind einige

Kisten aus den Regalen entnommen und deren Inhalt liegt auf dem Fußboden verteilt. Die Entropie ist schon deutlich gestiegen. Nach wenigen Stunden schon ist von der ursprünglichen Ordnung im Kinderzimmer und dem Zustand niedriger Entropie nicht mehr viel übrig. Alle Spielsachen haben sich scheinbar chaotisch im Zimmer verteilt.

Nun geht aus dem Prinzip der Entropie aber hervor, dass dieses Auseinanderstreben im ganzen Universum seit ewigen Zeiten vor sich ginge. So könnten sich zum Beispiel keine Spielsachen in einem Zimmer auf geordnete Weise befinden, denn die Teilchen, aus denen die Spielsachen selbst bestehen, bewegten sich ja schon seit Ewigkeiten auseinander.

Entsprechend der Mathematik des Prinzips der Entropie müssten sich die Teilchen außerdem sowohl in Richtung Zukunft als auch in Richtung Vergangenheit voneinander fortbewegen. Das würde bedeuten, dass sich die oben erwähnten Spielsachen, würden die Ereignisse tatsächlich rückwärtslaufen, auch im Zimmer verteilen müssten, also nicht in den geordneten Zustand zurückkehren. Dabei sollten sich die Spielsachen doch, würde die Zeit zurücklaufen, wieder genauso zusammenfinden, wie sie sich vorher im Zimmer befunden haben.

Das ist schon allein deshalb verrückt, weil sich durch die ständige Bewegung der Teilchen die Zeit-wahrnehmung und der Zeitpfeil ergeben. Das Prinzip der Entropie ist aber nur dann erfüllt, wenn Teilchen von jedem Augenblick aus betrachtet in Richtung Zukunft und in Richtung Vergangenheit wieder auseinanderstreben.

In logischer Konsequenz zu Ende gedacht würde das bedeuten, dass jeder Augenblick im Moment entsteht und dass Zeit eine Illusion ist. Das würde außerdem bedeuten, dass alles, was überhaupt existiert, von Augenblick zu Augenblick völlig neu entsteht.

Es müsste sich alles im Moment aus einem virtuellen oder amorphen Teilchenhaufen immer wieder neu zusammensetzen, damit es gegeben ist, dass sich diese Teilchen sofort wieder auseinanderbewegen können. Könntest du die Zusammensetzung dieses Teilchenhaufens rückwärts betrachten, bewegten sich alle Teilchen, die sich ja eben erst zusammengefunden haben, wieder auseinander.

Es ist so wie in einem Betonbecken, in das man eine Form hineingibt, um einen Abdruck zu hinterlassen. Zieht man die Form früh genug wieder hinaus, läuft der Beton wieder zusammen.

Jeder Augenblick soll sich also momentan zusammensetzen. Er soll gerade erst entstanden sein. Nach dem klassischen zeitlichen Verständnis ist alles um dich herum ein kausaler Ablauf, genauso wie die Laufbewegung eines Läufers auf der Laufbahn es zu sein scheint. Nach dem Prinzip über die Entropie setzt sich die Abfolge dieses Vorgangs aber einfach so Stück für Stück wie ein Daumenkino Moment für Moment zusammen. Nur wenn sich alles einfach so momentan zusammen-findet und das Prinzip der Entropie sagt, dass es so ist, müsste folglich an der Annahme etwas nicht stimmen, dass das Universum ein per se bestehendes Gebilde mit feststehenden kausalen Abläufen sei.

Wissenschaftler versuchten, die Entropie mit dem allgemeinen Bild von Raum und Zeit zu verbinden. Sie mussten ihrer Wahrnehmungs-Schablone (vorgefertigte Ansichten und Meinungen) treu bleiben und erschufen einen Urknall, von dem aus dann die gesamte Materie expandieren konnte. Verstehst du? Sie brauchten ein Ereignis, damit sie das Konzept der Entropie mit dem der Raumzeit vereinigen konnten. Der Urknall bleibt jedoch nach wie vor ohne den geringsten Beweis. Mehr noch hebt das Konzept der Entropie das der Raumzeit auf.

Relative Unschärfe

Die relative Unschärfe leitet sich aus den mathematischen Gleichungen der Quantentheorie ab. Vereinfacht dargestellt sagt die relative Unschärfe, dass es für Ereignisse innerhalb der Wahrnehmung lediglich Wahrscheinlichkeiten gibt. Deshalb kann man beispielsweise bei einem Teilchen entweder den Ort oder die Geschwindigkeit messen, jedoch nie beides gleichzeitig. Zum einen beeinflusst die Messung der einen die jeweils andere Eigenschaft des Teilchens. Zum anderen sind seine Eigenschaften nach der Quantentheorie nicht eindeutig kausal festgelegt.

Stelle dir ein Firmenmeeting vor. Es sitzen mehrere Angestellte samt Chef in einem Büro zusammen. Je mehr sie die Lage definieren, desto verschwommener werden die Impulse, diese zu verändern. Je mehr Impulse jedoch angesprochen werden, desto verschwommener erscheint wiederum die Ausgangslage.

Halte einmal deine Zeigefinger direkt vor dein Gesicht parallel nebeneinander. Ziehe nun die Finger langsam auseinander und lass die Augen so lange wie möglich auf beiden Fingern ruhen. Alles, was sich um die beiden Finger herum befindet, wird dann nur noch verschwommen wahrgenommen. Wenn du die Umgebung dann wieder wahrnimmst, erscheinen die Finger wiederum verschwommen.

Nun definiere die Lage als einen momentanen Wahrnehmungsinhalt und einen Impuls als einen Transformationsinhalt und übertrage dies auf das Aufwachsen eines Menschen. Mit zunehmendem Alter wird die Idee einer äußeren Welt außerhalb der momentanen Wahrnehmung eindeutiger. Kinder werden groß und erhalten oder sammeln immer mehr Informationen, so dass ihre Überzeugungen sich immer eindeutiger formulieren und ihr Wissensnetz Stück für Stück klarer wird. Es wird immer mehr festgelegt. Dadurch wird der innere Blick verschwommener und alles abgelehnt, was dem bereits Festgelegten widerspricht.

Der Erwachsene wird dann mit zunehmender Zeit in etwa so aufnahmefähig wie die Blätter einer Lotuspflanze, an denen Wasser einfach abperlt. Lernimpulse laufen dann irgendwann gegen null. Lieber wird außen geguckt, ob der Kuchen auch gar wird, statt innerlich darauf zu vertrauen, dass er es ist. Es zählen nur noch äußerlich bestätigte Informationen bzw. was äußerlich wahrnehmbar und somit empirisch belegbar ist.

Je mehr jedoch ein neuer Impuls definiert wird, desto verschwommener wird die Lage. Dadurch wird nun das Innere immer eindeutiger und Vorstellungen nehmen konkrete Formen an. Es gibt bald eine Vielzahl von Vorstellungen, so wie es bei der kindlichen Fantasie der Fall ist. Dadurch wiederum wird die energieleere äußere Welt, also alles, was sich außerhalb der momentanen Wahrnehmung befindet, immer verschwommener und reduziert sich zunehmend auf die momentane Wahrnehmung selbst. Es wird darauf vertraut, dass der Kuchen gar wird. Äußerlich ist nichts festgelegt und es zählen nur innere Informationen. So zeigt die relative Unschärfe, dass die Ideen des Raumes und des Bewusstseins zwei Seiten von einem Ganzen sind.

Weil es aufgrund der bestehenden rationalen Realitätsvernunft so zu sein hatte, wurde immer wieder versucht, die Quantentheorie mit der bisherigen Wahrnehmungsvorgabe der allgemeinen Raumzeit in Einklang zu bringen.

Dagegen steht die Aussage der relativen Unschärfe, dass das Beobachtete durch die Existenz des Beobachters beeinflusst wird und es per se nichts gibt, was als unbeobachtet und somit als ursprünglich betrachtet bzw. wahrgenommen werden kann. Das würde tatsächlich bedeuten, dass der Mond nur dann existiert, wenn er wahrgenommen wird. Anders gesagt existiert er nur deshalb, weil er wahrgenommen wird.

Es existiert also nur das momentan wahrgenommene und alles Imaginäre um die momentane Wahrnehmung herum bleibt verschwommen.

Es gibt nach der relativen Unschärfe nichts, was als ursprünglich bezeichnet werden kann, weil erstens nur das momentan Wahrgenommene existiert und zweitens dieses aus dem Moment heraus entsteht, also keine tatsächliche Kausalität widerspiegelt.

Das wollten viele Wissenschaftler, darunter auch der berühmte Einstein, nicht wahrhaben. Deshalb wurde ein Experiment entwickelt, das ermitteln sollte, ob die relative Unschärfe allgemeine Gültigkeit besäße.

Das berühmte Aspect-Experiment beschreibt den Zerfall eines Teilchens in zwei Teilchen, welche dann entgegengesetzt mit gleicher Geschwindigkeit enteilen. Die bisherige Annahme ist, dass sich bei der Messung des einen Teilchens nichts auf die Eigenschaften des anderen Teilchens auswirken könne, weil die neuen Teilchen eigenständig für sich existieren würden und nicht miteinander korrelieren könnten. Die bisherige Annahme ist auch, dass jedes Teilchen zu jedem gegebenen Zeitpunkt einen genauen Ort und eine genaue Geschwindigkeit hätte und damit die Wirklichkeit messbar sei. Es geht darum, ob etwas existiert, was du nicht wirklich wahrnehmen kannst.

Misst du nun mit einem geeigneten Gerät bei einem der beiden Teilchen einen Wert bezüglich einer seiner Eigenschaften, hat das andere Teilchen auf unheimliche Weise bezüglich dieser Eigenschaft einen entsprechenden Wert. Nun könntest du behaupten, die Teilchen hätten als Mitglieder desselben und einzig existierenden Universums die gleichen festgelegten Eigenschaften und würden daher entsprechende Werte besitzen.

Du könntest aber auch eines der Teilchen bezüglich einer seiner Eigenschaften manipulieren. Dann würdest du feststellen, dass das zweite Teilchen auch dieses Mal einen entsprechenden Messwert zum ersten aufweist. Die Untersuchung verschiedener möglicher Kombinationen von Drehrichtungen bezüglich der Drehachsen beider Teilchen ergeben, dass zwar beide immer eine entsprechende Dreh- richtung für die untersuchte Drehachse aufweisen, jedoch in mehr als 50 Prozent der Fälle unter- schiedliche Kombinationen von Drehrichtungen vorkommen. Das bedeutet, dass das, was Universum genannt wird, nicht lokal bzw. räumlich ist, weil die simultan gemessenen Eigenschaften erst durch den Messvorgang selbst entstehen und nicht schon vorher existieren.

Trotzdem wurde versucht, das Ergebnis in das raum-zeitliche Denken mit der These zu integrieren, dass der Raum verschränkt und so die Verbindung der Teilchen zu erklären sei. Das würde aber immer noch nicht die entsprechenden Eigenschaften trotz unter-schiedlicher Drehkombinationen erklären. Es ist vielmehr so, dass Ereignisse innerhalb von Raum und Zeit Wahrscheinlichkeitswellen sind, von denen sich die jeweils energiereichsten verwirklichen.

Die Stringtheorie

Unterhalb der sogenannten Plancklänge existiert ausschließlich reine Energie. Weder Materie noch raumzeitliche Gesetze sind hier noch zu finden. Es herrscht das Chaos der Quantenwahrscheinlichkeiten. Nach der Stringtheorie handelt es sich bei dieser

Energie um kleinste feinschwingende sogenannte Saiten (engl. Strings). Diese mikroskopisch nicht zu erfassende schwingende Energie verhält sich eben quantendynamisch nach Wahrscheinlichkeiten und lässt durch verschiedene Schwingungen die verschiedenen dann in Kombinationen wieder messbaren kleinsten Teilchen entstehen, die sich letztendlich zu den Molekülen unserer sogenannten Wirklichkeit zusammensetzen.

Es drängt sich nun zwangsläufig eine Frage auf. Wer oder was bewirkt denn nun die jeweilige Schwingung der Energiekringel? Woher kommt der Impuls?

Die Stringtheorie basiert auf der mathematisch bewiesenen Quantentheorie und wird durch weitere Berechnungen unterstützt, die darauf schließen lassen, dass die Wirklichkeit, wie wir sie wahrnehmen, eine Art dreidimensionales Hologramm ist. Ob du dieses nun als Matrix, Higgs-Feld, Quanten-Feld, morphogenetisches Feld oder sonst wie bezeichnest, ändert nichts an der Tatsache, dass Messungen bzw.

Beobachtungen den ausschlaggebenden Impuls für die Materialisierung einer Wahrscheinlichkeitswelle durch die holografische String-Schwingung geben. Da nun allerdings ein gegebener Beobachter logischerweise selbst aus diesen kleinsten, holografisch schwingenden Strings besteht, kann es im Prinzip nichts Materielles mehr sein, das für den eigentlichen Impuls der Materialisierung einer Wahrscheinlichkeitsinformation verantwortlich ist.

Lösungswege bestehen durch die Möglichkeit, von mehreren Dimensionen als nur den drei bekannten auszugehen und/oder der Existenz von Multiversen. Die einzig logische Schlussfolgerung (ohne das raumzeitliche Dogma zu berücksichtigen) ist letzten Endes aber die, dass das eigendimensionierte individuelle Bewusstsein des Beobachters den Impuls gibt und dass die Multiversen vieler individueller Beobachter eine Art von Schnittmengen bilden, so dass jeder sein eigenes Universums-Hologramm wahrnimmt.

Das ist so, als lebtest du in einem Holodeck in einem Raumschiff, das jeweils spontan auf jede Änderung deiner Schwingung reagiert und diese holografisch umsetzt. Außerdem ist dein Körper selbst ebenfalls Bestandteil der laufenden Projektion, so als würdest du träumen, du befändest dich in einer bestimmten Wirklichkeit. Zusätzlich hat dein Holodeck die Eigenschaft, Schnittmengen mit Holodecks anderer zu bilden, so dass deine holografische Projektion eine Mischung deiner eigenen Schwingung, der Schwingungs-Resonanzen derer, die sich in deiner unmittelbaren Nähe befinden, und derer, deren Überzeugungen trotz ihrer personellen Abwesenheit in deinem Unbewussten wirken, ist.

Das bedeutet, dass deine Gedanken dafür verantwortlich sein müssen, ob und wie sich Teilchen im Moment zusammensetzen. Das Universum ist immer nur das, was du momentan wahrnimmst. Der Rest ist imaginär. Hast du eine Vorstellung in deinem Inneren, passt sich dein Universum oder deine Außenwelt dieser Vorstellung an. Diese Transformierung besitzt für dein waches Bewusstsein eine scheinbare Kausalität und diese dauert an, bis die Vorstellung zu deiner Realität geworden ist oder eine andere bewusste oder unbewusste Vorstellung die stetige Anpassung wiederum verändert hat.

Dein Universum besteht immer und immer wieder aus deiner gedanklichen Auswahl der Möglichkeiten. Von jedem Augenblick aus gibt es für dich unendlich viele Möglichkeiten, wie es weitergehen soll.
Sie reduzieren sich in dem Moment, in dem du dich für eine entscheidest, du also eine gedankliche Vorstellung hast, zu einer einzigen. Von diesem neuen gerade erst entstandenen Augenblick aus hast du wieder unendlich viele Auswahlmöglichkeiten.

Bei einem anderen Experiment wurden Teilchen, die sich als musikalische Welle fortbewegten, durch den sogenannten Tunneleffekt beschleunigt und durch-liefen einen Teil der Distanz mit doppelter Licht-geschwindigkeit. Für den Beobachter verhält es sich

so, dass die Welle die Distanz im Moment über-
springt.

Eine Kamera auf der Welle würde das Durchlaufen so
aufzeichnen, dass sich die Welle mit Licht-
geschwindigkeit bewegt und die Materie um sie
herum (inklusive Beobachter) unbewegt ist (also die
Zeit stehen geblieben sei). Die musikalische
Information gelangt für einen gegebenen Beobachter
deshalb unmittelbar von einem Ort zum anderen.

Könnte man jedenfalls meinen.

Das eben beschriebene Szenario ist trotz alledem eine
Illusion. Allerdings eine, anhand derer dir die tat-
sächlichen Vorgänge deutlich werden können. Analog
zur relativen Unschärfe bedeutet das nämlich, dass
Veränderungen der wahrgenommenen Materie nicht
kausal nach dem raumzeitlich definierten Prinzip von
Ursache und Wirkung geschehen, sondern aus für den
Beobachter nicht wahrnehmbaren Informationsüber-

tragungen herrühren, die Augenblick für Augenblick die sogenannte Realität projizieren.

Du siehst niemals die spontane Zusammensetzung, ist dein Körper doch selbst Teil ebendieser. Du nimmst nur Bild für Bild wahr und verbindest diese zu deinem Realitätsempfinden. Die Inhalte hältst du dann für die sogenannte Realität, innerhalb derer bestimmte Gesetze existieren würden, die alle beobachtbaren Bewegungsabläufe beschreiben, die aber in Wahrheit Teil deines laufenden Daumenkinos sind.

Die Teilchen im Aspect-Versuch

Das Bewusstsein des Beobachters ist die Konstante und nicht die Materie. Es existiert kein absolutes Universum, Zeit ist die Illusion, die sich aus der Wahrnehmung von Bewegung ergibt und Materie besitzt keine festgelegten Eigenschaften. Es existiert weder Vorherbestimmung noch Zufall, sondern es existieren nur Wahrscheinlichkeiten, von denen sich die energiereichsten verwirklichen.

46

Die Entstehung deiner Wahrnehmung

Ein Spielfilm wird mit Kameras gedreht, wobei eine Kamera so viele einzelne Bilder pro Sekunde aufnimmt, dass es für das menschliche Auge wie eine fortschreitende Entwicklung aussieht. Anschließend werden die Szenen zusammengeschnitten und der Film auf einer DVD gespeichert. Wenn du die DVD nun auf einem Gerät abspielst, kannst du den Film sehen. Du bemerkst nicht, dass es sich um einzelne Bilder handelt, die so schnell nacheinander abgespielt werden, dass deine Augen nicht mitkommen. Du gehst fühlend mit dem Geschehen mit, weil dein Unbewusstes den Film von realen Abläufen nicht unterscheidet. Was du auch nicht mitbekommst, ist, dass die Pixel auf dem Bildschirm laufend ihre Farbe wechseln, je nachdem welche Informationen sie von der DVD aufnehmen. Es sieht aber so aus, als würde das Geschehen auf dem Bildschirm eine reale Welt darstellen, so wie ein Traum realen Charakter haben kann und doch ein Produkt deines Geistes ist.

Tiere unterliegen dieser Illusion von Wirklichkeit und reagieren dementsprechend auf die Geschehnisse auf dem Bildschirm. Also wenn du nun im Film einen Schauspieler eine Handlung vollziehen siehst, passiert das dann gerade jetzt oder sind das vom Bildschirm abgebildete einzelne Bilder, die irgendwann von einer Kamera aufgezeichnet wurden und jetzt von einem DVD-Player wiedergegeben werden?

Verstehst du, was ich damit sagen möchte? Der laufende Film suggeriert deinem Unbewussten, es handle sich um momentan beeinflussbare Realität, so dass dein Bewusstsein mit dem Film mitgeht und auf einen guten Ausgang hofft. Dieser ist aber schon beim Dreh des Films entschieden worden.

Wenn du nachts träumst, dass du Fahrrad fährst, fährst du dann Fahrrad oder liegst du in deinem Bett?

Wenn ein Teilchen innerhalb des Films manipuliert wird, also die Manipulation gefilmt wurde, dann wurde es manipuliert, als die Kamera lief. Das

Teilchen vom Film ist nur ein Abbild des echten Teilchens. Der zweidimensionale Bildschirm schafft es durch seine Pixel, einen dreidimensionalen Film erscheinen zu lassen, wobei die Informationen für diesen Film einzelne Bilder sind, die Stück für Stück vom DVD-Player kommen und schon vorher produziert wurden.

Nun hast du eine innere Vorstellung und fühlst diese so lange bewusst oder unbewusst mit, bis dein Unbewusstes nicht mehr unterscheiden kann, ob dies Traum oder Wirklichkeit ist. Die Wahrscheinlichkeitswellen deiner Vorstellung haben nun ein so hohes Energiepotenzial, dass die Strings deines Wahrnehmungshorizonts darauf reagieren und genauso wie die Pixel eines Bildschirms holografisches Bild für holografisches Bild deine innere Vorstellung als laufende äußere Wirklichkeit präsentieren.

Das erste Teilchen des Aspect-Versuchs wird zuerst innerhalb der Vorstellung des Beobachters manipuliert, bevor es überhaupt von diesem wahrgenommen wird und deshalb kann das andere auch scheinbar simultan reagieren. Sie sind beide Teile der Projektion, die aus dem Bewusstsein des Beobachters kommt. Sie sind bloß noch Abbilder eines schon entschiedenen Ablaufs. Die Impulse für die Strings entstammen jeweils den Überzeugungen und Vorstellungen des Beobachters in seinem Innersten, seinem Geist.

Der laufende Wahrnehmungsfilm entspringt dem Bewusstsein und alles, was vermeintlich sonst noch existiert, jedoch momentan nicht wahrgenommen werden kann, ist eine Illusion, da per se nichts existiert, was als ursprünglich gelten kann. Jedes einzelne Bild dieses holografischen Daumenkinos ist das Produkt eines Quantensprungs. Wie die Pixel auf einem Bildschirm erhalten die Strings von Moment zu Moment Informationen, wie sie schwingen sollen. Das muss nicht unbedingt kausal ablaufen, wie es dir zum Beispiel der Szenenwechsel eines Spielfilms zu verstehen hilft. Es ist dein Bewusstsein, das raumzeitlich kausal denkt und nur deshalb erlebst du meistens keine bewussten Szenenwechsel, wie sie im Film gang und gäbe sind. Quantensprünge finden also andauernd statt. Sie sind die instantanen Schwingungsänderungen der Strings.

Ein Beispiel für einen mehr oder weniger bewussten Quantensprung ist die sogenannte Quantenheilung, bei der ein abrupter Wechsel der Schwingung eine spontane körperliche Veränderung mit sich führt. Die laufende unbewusste Projektion bestimmter Über-zeugungen auf den Wahrnehmungshorizont durch das innere Bewusstsein wurde unterbrochen bzw. abrupt verändert und so musste sich auch spontan das laufende Wahrnehmungsbild verändern. Schleichen sich vorherige Überzeugungen dann wieder ein, stellt sich auch das alte Wahrnehmungsbild wieder ein und das alte Leidensbild erscheint erneut.

Strings

Diese Vorgänge passieren, wie auch auf einem Bild-
schirm, so schnell, dass du das Daumenkino deines
Bewusstseins nicht erkennst. Die Strings erhalten ihre
Informationen Stück für Stück mit doppelter Licht-
geschwindigkeit und verhalten sich ganz genau so,
wie es die Entropie voraussagt. Es entsteht auf diese
Weise Stück für Stück eine neue momentane
Wahrnehmung. Alles, was scheinbar gleich bleibt, ist
nur deshalb gleich geblieben, weil die neue
Wahrscheinlichkeitswelle auf ähnlichen
Vorstellungen und Überzeugungen beruhen kann wie
die vorherige. So entwickeln sie stets immer neue
Wahrscheinlichkeitswellen, die von Augenblick zu
Augenblick momentan oder raumzeitlich betrachtet
mit doppelter Lichtgeschwindigkeit deine
Wirklichkeit neu entstehen lassen.

Das, was du laufend wahrnimmst, ist eine ständig
variierende Projektion eines Raumes um dich herum,
die ihren Ursprung in deinen Vorstellungen und

Überzeugungen hat. Von diesen deinen inneren Vorstellungen aus entwickeln sich zeitlich gesehen rückwärtige Zusammenhänge, die dann, wenn die Verbindung zu deinem Jetzt hergestellt ist, als deine Wahrnehmung wieder vorwärts abgespult werden, bis eine neue Vorstellung wieder neue Zusammenhänge erzeugt. Das ist unfassbar, oder?

Wenn du dich einmal traust, diese Perspektive einzunehmen, so wie ein Mensch aus früheren Zeiten, der sich traute, sich von der Vorstellung einer Scheibenwelt zu distanzieren, dann wird dir langsam klar, dass Ausnahmen Regeln nicht bestätigen und diese Aussage nur dem Erhalt raumzeitlichen Denkens dient. Es ist nicht verwerflich, so zu denken, nur entspricht es einfach nicht der Wahrheit.

Erkenne die Widersprüche im scheinbar kausalen Ablauf. Unterliege nicht der Realitätsvernunft, die dir nur eine Scheinwelt vorgaukelt. Verdränge nicht länger die Zusammenhänge zwischen deinem Bewusstsein und deinen Erfahrungen. Schließe vielmehr deine eigenen Rückschlüsse und erkenne, was Realität eigentlich ist und wie sie tatsächlich entsteht. Solltest du dich einmal zweifelnd fragen, warum eigentlich nicht jeder schon lange das Leben seiner Träume erlebt, dann liegt das daran, dass viele, ohne es zu bemerken, den Überzeugungen folgen, welche die Wahrheit verneinen und das selbst dann noch, wenn die Beweislast erdrückend wird.

-2-

Der doppelte Anpassungszwang

Der Fokus auf dem anderen

Das raumzeitliche Denken allein beschränkt dich schon genug, indem es dir einen begrenzten Handlungsspielraum beschert und dich dazu nötigt, um deine momentane Wahrnehmung herum immer wieder automatisch ein imaginäres Universum zu basteln.

Das limitierte Denken, das du aufgrund der Suggestionen deiner frühkindlichen Bezugspersonen zunächst unreflektiert übernommen und dann später in deinem Bewusstsein manifestiert hast, setzt noch einen drauf: Die Überzeugung, du müsstest zusätzlich noch nach vorgefertigten Meinungen dein Leben bestreiten.

Je nachdem, wie andere es mit dir treiben konnten, unterliegst du Zwängen, Geboten und Verboten, die dich mehr oder weniger völlig sinnlos fremd-bestimmen.

Wie kommt es nun also, dass die oben genannten Informationen immer wieder konsequent verneint werden und bezugspersönliche Dogmen derart dein Leben bestimmen, dass du diese so offensichtliche Wahrheit nicht erkennst, geschweige denn lebst?

Wenn du ausschließlich raumzeitlich über das Universum nachdenkst, über den vermeintlich unendlichen Raum, die unendliche Zeit, spirituelle Weisheiten und darüber, was der Tod bedeutet, schleicht sich manchmal langsam ein Unwohlsein in dein Bewusstsein ein. Eine Beklemmung entsteht in deinem Magen und klettert hoch bis zum Hals, der sich ganz trocken anfühlt. Dieses Gefühl nimmt dann immer weiter überhand, erzeugt Übelkeit und erfasst den ganzen Körper.

Das würde sich bis zu einer handfesten Panikattacke hochschaukeln, doch bevor dies alles geschieht, greift der Schutzmechanismus des bezugspersönlichen Bewusstseins. Bei den ersten Anzeichen dieses Themas läuten die Alarmglocken und dir kommen

Gedanken wie: „Das kann man sowieso nicht erfassen, das ist gar nicht meine Aufgabe, sollen sich doch andere damit beschäftigen, ich denke lieber an etwas anderes oder ich gehe lieber woanders hin und das nervt mich bloß." Wie ein Kind verharmlost dein Bewusstsein das Thema und verabschiedet sich schnell davon in einer Art Fluchtverhalten. Sofort erfährst du ein Gefühl der Erleichterung.

Aber wozu bekommst du diese Angstgefühle wirklich? Und was noch viel interessanter ist, wer hat eigentlich die Angst bzw. wer redet sie dir ein? Die Angst redet dir dein bezugspersönliches Bewusstsein ein, um zu verhindern, dass du auf etwas Bestimmtes stößt. Aber Stück für Stück.

Das Trauma deiner Geburt

Geburtswirren, die niemand erinnert: Vertrautes Hell und Dunkel im stetigen Wechsel, ein dauerhaft warmes und geschmeidiges Gefühl, leise und vertraute Geräusche, harmonische Schwingung, versorgt, gesund, zufrieden, perfekt und glücklich – plötzlich hektische und schnelle Wechsel von hell und dunkel, latente Kälte und raues Gefühl, laute und fremde Geräusche, grelles Licht, Verlustgefühl, Schmerz, panische Angst, allein, hilflos, verletzt – plötzliche Erleichterung, geschmeidiges Gefühl, Schutz, Vertrautheit, Zuflucht, vorhergehende Gräuel verschwunden, ursprünglicher Zustand vergessen, Angst verdrängt, Sicherheit, erfüllte Bedürfnisse.

Während deiner Geburt wurde dein Wahrnehmungsbewusstsein plötzlich mit einer willkürlichen und scheinbar unberechenbar auf dich einwirkenden Außenwelt konfrontiert. Diese Wahrnehmung, die natürlich noch nicht intellektuell erfasst wurde, ließ unmittelbar die Angst vor dem Niedergang entstehen und ist so schlimm gewesen, dass ein unendlich großes Schutzbedürfnis entstand, das durch die Präsenz deiner ersten Bezugspersonen befriedigt wurde. Ein Baby ist nicht unfähig, es kann Schwingungen aussenden. Es entwickelt bloß in diesem Moment ein Bewusstsein für Unfähigkeit und Bedürftigkeit, was paradoxerweise wiederum die energiebedürftige Mutter nährt, die sich nun aufopferungsvoll kümmert. Der Säugling erhält materielle Energie (Nahrung) und körperliche Wärme im Austausch gegen emotionale Energie für die Mutter. Durch die Präsenz der ersten Bezugsperson wird das Trauma sofort verdrängt und mit dem Trauma wird auch die Erinnerung an den Bewusstseinszustand oder auch Schwingungszustand vor der Geburt verdrängt. Ich nenne diesen Zustand, den ich mir als Geborgenheit und reine Selbstliebe vorstelle, reines Bewusstsein.

Das ewige Bewusstsein, aus dem alles kommt, so wie die altgriechische Quintessenz, aus der alle Elemente hervorgehen und so, wie es die Aborigines seit Tau-

senden von Jahren erzählen, wenn sie von der Traumzeit sprechen, die Quantentheorie es bestätigt und die
holografische universelle Struktur es verrät. Somit ist
dann plötzlich die Erinnerung an das Trauma der
Geburt mit der Angst vor dem Nichtsein verbunden.
Die Angst vor dem Tod entsteht erst später durch
bezugspersönliche Suggestionen. Diese ist dann zum
einen die Angst vor dem Alleingelassenwerden und
davor, ohne Hilfe oder Schutz einer mächtigen
Außenwelt ausgesetzt zu sein, und zum anderen die
Angst, sich an das Trauma der Geburt zu erinnern
bzw. mangels Erinnerung an den Zustand vor der
Geburt, die Angst vor dem Nichtsein zu spüren. Die
Angst vor dem Tod ist also die Angst vor der Ur-
angst, denn das eigentliche Trauma wird so nicht
erinnert.

Die Angst vor der Angst ist die Angst vor dem Gefühl
der Panik, welches seinen Ursprung im Trauma der
Geburt findet.

Quasi mit der Muttermilch nimmst du dann die ersten fremden Schwingungsmuster auf und erfährst und erlebst in Verbindung mit deinen frühkindlichen Bezugspersonen die ersten Suggestionen und Erfahrungen, von denen jene, die sich nicht gut anfühlen, verdrängt werden. Alle deine negativen Gefühle zu harmlosen Wahrnehmungen wie beispielsweise Ekel oder Phobien sind von deinem bezugspersönlichen Bewusstsein umgekehrte oder übernommene Entsprechungen der damit verbundenen und zusammen mit den dazugehörigen Gefühlen (meist Schuldgefühlen) verdrängten Erlebnisse. Alle deine Assoziationen zu deinen Wahrnehmungen entstehen auf diese Weise und sind der Grund, warum du ein schlechtes Gefühl haben kannst, obwohl du etwas wahrnimmst, was sich eigentlich gut anfühlen müsste.

Allgemein zusammengefasst: Mit dem Beginn des Lebens nimmst du von außen Suggestionen auf. Du empfängst sie in Form von Mimik, betonter Sprache, Geräuschen, körperlichen Empfindungen und Bedürfnisbefriedigungen. Sie werden in deinem

Unbewussten gespeichert und wirken fortan autosuggestiv bzw. posthypnotisch (insbesondere dann,
wenn sie ständig wiederholt auftreten). Es bildet sich
die Bewusstheit innerhalb eines von sich aus
existierenden Universums zu leben und von anderen
abhängig zu sein. Später gesellen sich deine von dir
übernommenen Grundsuggestionen dazu. Werden
Suggestionen einzeln oder wiederholt durch
suggestive Manipulationen begleitet (Traumata, die
den Körper und die Seele betreffen), wird die
Entwicklung deines gesamten Systems gestört, weil
dein inneres Bewusstsein psychologisch mit der
Verarbeitung zu tun hat (Anpassungssyndrom).

Solche Erlebnisse werden, wie es auch mit allen
anderen Grundsuggestionen geschieht, aus deinem
wachen Bewusstsein verbannt und im Unbewussten
gespeichert. Dort wirken sie fortan latent posthypnotisch und führen auf diese Weise zur Bildung
eines dementsprechenden bezugspersönlichen
Bewusstseins, welches bestimmend und/oder
hemmend auf dein restliches Bewusstsein wirkt

(per Definition ist dein bezugspersönliches
Bewusstsein ein dominant autosuggestiv wirkender
Teil deines Bewusstseins, dessen Inhalte aus den
während deiner Kindheit gespeicherten Suggestionen
und Traumata bestehen).

Alles, was den dort entstandenen Überzeugungen
widerspricht, wird aus den oben beschriebenen
Gründen kategorisch abgelehnt. Diese Überzeugungen
sind verantwortlich für deinen Umgang mit Sexualität,
die Art deiner Partnerschaften, deine philosophischen
Ansichten, dein Selbstbild, dein Denken und die
daraus resultierende fremdbestimmte Transformation
deiner Wahrnehmung.

In deinem Unbewussten sind also deine Grundsuggestionen in ihrer Urform gespeichert. In deinem
bezugspersönlichen Bewusstsein sind die sich dementsprechend entwickelten Überzeugungen vorhanden, die Zeit ihres Bestehens das Denken deines
wachen Bewusstseins bestimmen. Die Suggestionen,

die du immer wieder erfahren hast, sind zu handfesten Überzeugungen mutiert. (Konditionierung)

Durch die erlernte doppelte Abhängigkeit von der Umgebung und von anderen lebst du unbewusst fremdbestimmt. Traumata, die verdrängt werden mussten, sorgen für die berühmte Kindheitsamnesie (in meiner Kindheit hat es nur Gutes gegeben). Dein Realitätsbild ist dir unwiderruflich eingeprägt worden, so dass du der allgemeinen Realitätsvernunft unterliegst. Du hast bestimmte philosophische und/oder spirituelle Vorstellungen und ein rationales, raumzeitlich geprägtes Wirklichkeitsverständnis. Du lebst mal bewusst und mal unbewusst mit der Angst vor dem Tod, die verhindert, dass du dich mit der Angst vor dem Nichtsein und dem damit verbundenen Trauma der Geburt beschäftigst. Mangels der Erinnerung an den ursprünglichen Zustand denkt ein Teil deines Bewusstseins, dass du dann sterben müsstest, was du mit angrenzender Sicherheit während deiner Geburt zwar nicht intellektuell gedacht, aber sinnlich gespürt hast.

Und um wiederum der Angst vor dem Tod gedanklich zu entrinnen, übernahmst du unbewusst den an dir selbst erfahrenen Fokus auf den anderen. Für diesen gibt es verschiedene Varianten, je nachdem, ob du zu Empathie fähig bist oder im umgekehrten Fall Gefühle von anderen nicht wahrnehmen kannst. Empathische Wesen kümmern sich um andere, sorgen sich um andere, versorgen andere, denken an andere, wertschätzen andere, heilen andere und beschützen andere. Sie sind an die ursprüngliche Energie angebunden und besitzen die Fähigkeit, allein durch ihre Aufmerksamkeit diese auch zu spenden. Erkennen sie z.B., dass sich als Ursache hinter Krankheitssymptomen immer latente Überzeugungen verbergen und sie (auch für andere Menschen) diesen Überzeugungen jegliche Aufmerksamkeit entziehen, wird die laufende Übertragung unterbrochen und äußere Heilung beginnt. Als Folge von Missbrauch wiederum können sich bei empathischen Menschen Zwänge entwickeln, wie toxischen Menschen Aufmerksamkeit geben, sich ihnen anpassen und ihnen im Extremfall auch dienen zu müssen.

Menschen, die dem zweiten Fall entsprechen, wollen andere bestimmen, sie emotional ausnutzen, sie für ihre Zwecke manipulieren, ausbeuten, demütigen, verängstigen, missbrauchen und im Extremfall misshandeln und ihnen auf diese Weise Traumata zufügen, welche sie binden und gefügig machen sollen. Diese Menschen besitzen keine Anbindung an irgendeine ursprüngliche Energie. Deshalb sind sie völlig ohnmächtig und auf die Energie von anderen angewiesen. Sie sind vollkommen abhängig und kompensieren ihre Abhängigkeit dadurch, dass sie sich auf Kosten anderer stark fühlen. Sie manipulieren andere und versuchen, diese anfangs mittels einer vorgetäuschten Selbstlosigkeit von ihnen abhängig zu machen.

Wenn du nun als empathisches Wesen auf solche Weise behandelt wurdest, arbeiten deine Traumata in deinem Unbewussten und erzeugen seelische und körperliche Äquivalente, die auch unter Symptomen

geführt und als sogenannte Krankheiten miss-
interpretiert werden.

Dein wenn auch philosophisch untermaltes, aber
trotzdem von materiellem Mangeldenken dominiertes
Wirklichkeitsdenken ist zu einem Ersatz für die
eigentliche Wahrheit geworden. Sigmund Freud fand
während der Untersuchung von Patienten heraus, dass
deren Störungen sämtlich auf Erlebnisse aus deren
Kindheit zurückzuführen waren und sich aus den
Projektionen und/oder Manipulationen durch
verschiedene Bezugspersonen auf die damaligen
Kinder gebildet hatten. Aufgrund der Erkenntnis, dass
seine Patienten während ihrer Kindheit in irgendeiner
Form von Bezugspersonen suggestiv traumatisiert
wurden, stellte Freud die Vermutung auf, dass
Gefühle der inneren Ohnmacht auf hilflose Kinder
projiziert werden würden. Der Umfang suggestiver
Traumatisierung reiche von der Übertragung der
eigenen Meinung, eigenen Schuldgefühlen, eigenen
Krankheitsbildern bis zu körperlicher Misshandlung
und dem seelischen und körperlichen Missbrauch.

Der auf derartig bedrohliche Erlebnisse folgende Verdrängungsmechanismus entspricht einer inneren räumlichen Trennung von der Erfahrung, die im Unbewussten verschwindet. Die eigentliche Störung tritt erst dann auf, wenn die räumliche Trennung durch eine mit der ursprünglichen Erfahrung verknüpften Bedürfnisempfindung vorübergehend aufgelöst wird.

Bei einem körperlichen Missbrauch wird beispielsweise auf ein Kind ein Bedürfnis übertragen, welches dessen Psyche nicht sinnvoll integrieren kann. Neben dem Trauma der Manipulation wird auch das übertragene Bedürfnis mit dem Erlebnis zusammen verdrängt. Mit dem entwicklungsbedingten Auftauchen des Bedürfnisses ab dem Jugendalter kommt es dann zu somatischen Äquivalenten des psychischen Apparates, die sich auf das Verhalten und den Körper übertragen. Dies können zum Beispiel Schuld- und/oder sexuelle Unlustgefühle sein. Das Bedürfnis wird unterdrückt, damit die damit verbundene Verdrängung des Traumas erhalten bleibt.

Eine weitere Errungenschaft von Sigmund Freud ist seine Traumdeutung. Der Traum verdrehe gespeicherte Traumata und fordere so zu deren Aufdeckung auf. Geschehnisse aus der Kindheit würden durch Symbole verschlüsselt, in umgekehrten Rollen und mittels aktueller Einflüsse dargestellt werden. Es fänden sich aber immer Hinweise, die mittels einer begleitenden Analyse auf die ursprünglichen im Unbewussten gespeicherten Erlebnisse schließen ließen.

Verbunden mit der Erkenntnis der oben genannten Wahrheit folgt daraus, dass die Wahrnehmung so zu deuten ist wie ein Traum. Die Deutung der Wahrnehmung als eine Art Traum ist mit dem Verständnis verbunden, dass die Realität eine Projektion der eigenen inneren Gedanken ist, welche zunächst gemäß dem bezugspersönlichen Prinzip aus dem Unbewussten hervorgehen.

Wurde beispielsweise ein Erlebnis auf die oben genannte Weise ins Unbewusste verdrängt, zeigt sich dieses analog dem klassischen Traum im Wahrnehmungsfilm. Leider gelingt es dem bezugspersönlichen Bewusstsein, dem wachen Bewusstsein laufend zu suggerieren, dass der Wahrnehmungsfilm unabhängige Realität sei. Wie die Traumszenarien es sind, lässt sich auch die Wahrnehmung insgesamt als Wiederholungs-inszenierung erleben und erklären.

Dein bezugspersönliches Bewusstsein

In deinem bezugspersönlichen Bewusstsein befinden sich alle Überzeugungen, die aus deiner Grundkonditionierung entstanden sind. Davon ausgehend, dass deine frühkindlichen Bezugspersonen während ihrer Kindheit selbst dauerhaft Suggestionen ausgesetzt gewesen sind, welche auch ihnen fleißig wirkende bezugspersönliche Überzeugungen beschert haben, sind deine eigenen Grundüberzeugungen nicht unbedingt die Wahrheit (zum Beispiel über die

Beschaffenheit des Universums) und beinhalten die Projektion, dass Bezugspersonen allgemein eine Art universeller Bestimmer seien und Nachkömmlinge als Unwissende alles unreflektiert hinzunehmen und allgemein auf Bezugspersonen zu hören hätten. Hier liegen die Ursachen für die moralischen Verfärbungen (schlechtes Gewissen) beim Verspüren von eigenen Bedürfnissen und für die Unterdrückung deines Drangs nach Selbstständigkeit und Selbstbestimmung durch deine bezugspersönlichen Überzeugungen.

Im bezugspersönlichen Bewusstsein können sich also Überzeugungen befinden, die zu Schuldgefühlen bei der Wahrnehmung selbstverständlichster Bedürfnisse und Wünsche führen, wenn es Bezugspersonen gab, die diese nicht erfüllten, eher eigene Bedürfnisse befriedigt wissen wollten oder das Verlangen hatten, dass andere sich für sie aufgeben sollten. Durch diese Übertragungen können sich, wie oben beschrieben, fremdbestimmte Zwänge entwickelt haben.

Die hier geschilderten Überzeugungen sind latent im Unbewussten vorhandene, nicht zum Vorschein kommende Gedanken, die posthypnotisch wirksam sind und sich immer dann melden, wenn du in deinem inneren Bewusstsein Vorstellungen hast, die diesen Überzeugungen widersprechen. Genau dann hast du ein schlechtes Gewissen, innere Gedanken über deine Unfähigkeit, mangelnde Erlaubnis, Selbstzweifel, Angst, Depression und andere selbstzerstörerische Gedanken. Dies sind Assoziationen, die du von deinem bezugspersönlichen Bewusstsein aufgezwungen bekommst.

In deinem bezugspersönlichen Bewusstsein laufen verschiedene Programme, die nur einem einzigen Zweck dienen. Zuerst existieren dort die Überzeugungen bzw. Schwingungsmuster der frühkindlichen Bezugspersonen. Jede von ihnen hinterließ einen Abdruck in deinem Bewusstsein, ungeachtet dessen, ob sie nun gut oder schlecht waren. Diese Abdrücke spürst du manchmal als schlechtes Gewissen, als Verbot für etwas, als Erlaubnis für etwas oder als den

Zwang bzw. als den Auftrag, auf eine bestimmte Weise zu leben, zu arbeiten oder sogar zu denken.

Es ist der Fokus deiner frühkindlichen Bezugspersonen auf dich gewesen, in welcher Form auch immer, der deine Vorlieben und Abneigungen sowie deine Stärken und Schwächen hat entstehen lassen. Du hast also Programme in deinem Bewusstsein, von denen dein Unbewusstes überzeugt ist, es seien deine eigenen, die aber nichts anderes sind als die Äquivalente der Fremdbestimmung durch Bezugspersonen. Ganz wichtig: Es geht hierbei nicht um eine moralische Bewertung, sondern um eine nüchterne Feststellung.

Das Bestimmen- und Manipulierenwollen von anderen erfüllt unter anderem den Zweck, sich nicht selbst ansehen zu müssen, denn dann müsste man sich auch mit sich selbst und der Wahrheit auseinandersetzen.

Das bezugspersönliche Bewusstsein will ebenfalls nicht angeschaut werden, denn dann könntest du es entlarven. Es versucht dich mit allen Mitteln abzulenken, um dies zu verhindern. Es lässt dich sogar subtil mit dir selbst spielen, ohne dass du es bemerkst. Das kann manisch-depressive Zustände verursachen. Mal hast du einen Impuls, dich großartig zu fühlen und zu tun und zu lassen, was dir gefällt, und mal unterliegst du dem Impuls, dich ganz klein und unbedeutend zu fühlen und dich förmlich einzuigeln.

Vielleicht kennst du das sogenannte Engelchen-und-Teufelchen-Spiel, bei dem du moralisch abwägst, ob du eine bestimmte Entscheidung triffst. Du möchtest zum Beispiel abnehmen, hast dir ein grandioses Programm ausgedacht und möglicherweise viel Geld investiert. Dein Engelchen flüstert dir ins Ohr, dass du das jetzt einhalten musst. Es dauert nicht lange, bis dir dann dein Teufelchen die erste Fressattacke einredet und der Kreis schließt sich. Programme dieser Art des Hin- und Herlaufens befinden sich zuhauf in deinem Bewusstsein, ohne dass du es je bemerkst. Sie lassen dich in verschiedenen Dauerschleifen leben und erfüllen den Zweck, dass deine Fremdbestimmung erhalten bleibt.

Mit Fremdbestimmung ist eigentlich nicht die Bestimmung durch andere innerhalb deiner Wahrnehmung gemeint, sondern die Bestimmung deines individuellen Bewusstseins durch die Schwingungsmuster deiner frühkindlichen Beziehungen. Es geht darum, deinem bisher verdrängten früheren Ich verständnisvoll beizustehen und die Wirkung der Suggestionen und/oder bezugspersönlich motivierten Erlebnisse aufzulösen. So löst sich auch das Bedürfnis nach fremdbestimmten Verhaltensweisen auf.

Alles während deiner Kindheit als normal Festgelegte taucht im weiteren Leben als Inszenierung des Wiederholungszwangs in deiner Wahrnehmung auf. Du hast die dir unbewusste bezugspersönliche Überzeugung, dass es so sein müsste. Ganzheitlich betrachtet steckt dahinter die einzige Möglichkeit, trotz des Einflusses deiner bezugspersönlichen Überzeugungen deine dir Energie spendenden Gefühle wahrzunehmen.

Beispielsweise entwickelt deine Psyche während der Empfindung von Ohnmachtsgefühlen einen unmittelbaren Impuls, alles loszulassen, um die Situation psychologisch zu überstehen (der sprichwörtliche Kopf im Löwenmaul).

Durch dieses Loslassen haben die Gefühle deines tiefsten Inneren, die der reinen Selbstliebe entsprechen und im übertragenen Sinne die reine Wahrheit repräsentieren, ungehinderten Zugang zu deinem wachen Bewusstsein. Dein Unbewusstes verknüpft die Erfahrung des Gefühls der reinen Liebe zu dir selbst mit dem Erlebnis und/oder den dazugehörigen Personen und verdrängt alles gemeinsam. Dieses für dich lebensnotwendige Gefühl zu bekommen, ist dir später nur durch Wiederholungsinszenierungen dieser Situation in deiner bzw. als deine Wahrnehmung möglich, und zwar in Form von

Erleichterung, wenn wieder mal eine bedrohliche Situation überstanden wurde.

Die Ursachen dafür sind traumatische Erlebnisse während der Kindheit. Ein Mensch, der solche erlebt hat, wiederholt einen bestimmten Teil seiner Erfahrungen innerhalb seiner Wahrnehmung immer wieder neu, weil sie seine bezugspersönliche Normalität sind. Nur auf diese Weise ist es ihm erlaubt, das lebenswichtige Gefühl der Selbstliebe in seinem Inneren zu spüren. Er ist sich dessen deshalb nicht bewusst, weil er der Kindheitsamnesie unterliegt.

Dieses Beispiel illustriert prägnant, wie allgemeine unbewusste Abhängigkeitsgefühle entstehen können. Dieser Mechanismus ist nicht unbedingt mit traumatischen Erlebnissen verbunden, sondern kann auch durch latente subtile Suggestionen hervorgerufen werden. (Natürlich suggerieren Bezugspersonen, sie können gar nicht anders. Es geht darum, dass diese Suggestionen Störungen hervorrufen, wenn sie

Verklärungen der Wahrheit sind und/oder eigene Störungsprojektionen beinhalten.) Dies geschieht, wenn Kinder entweder im ausschließlichen Fokus von Bezugspersonen stehen oder die Aufmerksamkeit von ihren Bezugspersonen aus ähnlichen Gründen gar nicht bekommen.

Die demoralisierende Wiederholung der Inszenierungen der Wahrnehmung und die latent vorhandene unbewusste Fremdbestimmung führen zu depressiven Gemütszuständen und/oder körperlichen Äquivalenten. Das ständige Nicht-du-selbst-sein-Dürfen ist das Gegenteil der reinen Selbstliebe und zeigt sich in dem Zwang, sich nicht entwickeln zu dürfen. Wer sich nicht entwickeln darf, darf auch nichts lernen und ist zu einem fremdbestimmten, vom Wohlwollen anderer abhängigen Leben verurteilt.

Deine eigenen bezugspersönlichen Bewusstseins-krallen sorgen für ein latentes unter der Oberfläche schwelendes schlechtes Gewissen, das zu einem verzerrten Selbstbild weit entfernt von deiner eigenen

Mitte beiträgt und zu einem Verneinenden Umgang mit dir selbst führt: „Man bin ich blöd usw."

„Meine Eltern wussten es nicht besser und sie meinten es nur gut" ist eine allgemeine, die Eltern verteidigende pauschale Ausrede, die dazu dient, sich nicht weiter mit den Folgen erlebter Traumata und störenden Impulsen auseinandersetzen zu müssen.

Dies ist eine mögliche Strategie für ein fremd-bestimmtes Leben in Raum und Zeit, aber gewiss nicht für ein selbstbestimmtes Leben mit der Wahrheit. Solltest du so denken, solltest du dir klar-machen, dass es um dich selbst und nur um dich selbst geht und nicht um deine inzwischen internalisierten Eltern. Es geht darum, was du im Einzelnen persön-lich gefühlt hast und dass du die störenden Impulse, die in deinem Unbewussten verborgen liegen, auf-spürst, erkennst und mitfühlend verarbeitend auflöst.

Was würdest du sagen, wenn deine Nachbarin dich ständig auf deine unmögliche Frisur aufmerksam machen würde oder wenn sie dich einfach grundlos ohrfeigen würde oder wenn sie von dir verlangt, einen bestimmten Beruf auszuüben? Der würdest du doch einen Vogel zeigen, oder? Und was ist mit deinen frühkindlichen Bezugspersonen? Die dürfen distanz- und rücksichtslos in deine Persönlichkeit eindringen, darin völlig willkürlich herumpfuschen und diese bis zur Unendlichkeit manipulieren? Wenn du selbst- bestimmt leben möchtest, solltest du dich mit dieser Frage dringend auseinandersetzen.

Die erlebte Fremdbestimmung und das aufgesetzte Mangeldenken werden nicht immer einfach so hin- genommen. Während der Pubertät und bis zur Voll- endung des Heranwachsens entwickelt sich bei vielen Menschen Widerstand gegen den lästigen Fokus. Zudem wird das Mangeldenken einfach ignoriert. Erwachsen werden heißt es allgemein. Jugendliche entwickeln sich, finden zur eigenen Sexualität und entwickeln eine eigene Persönlichkeit. Würde jeder dann auch seine Selbstbestimmung finden, gäbe es keinen Fokus auf den anderen mehr. Noch nicht einmal beim Verliebtsein, das dann einzig und allein von überwältigenden Gefühlen begleitet wäre. Was aber passiert, ist die Übernahme des Fokus auf den anderen, statt sich mit seinen offensichtlich vorhandenen Traumata und der Befreiung von seinem bezugspersönlichen Bewusstsein zu beschäftigen.

Hierbei spielt die Auffassung von der Wirklichkeit eine große Rolle.

Das doppelte Anpassungssyndrom

Eltern, die genussvoll Dinge vormachen, wie zum
Beispiel Kaffee oder Cola zu trinken, obwohl ihre
Kinder noch zu klein dafür sind, benutzen diese, um
sich selbst wahrzunehmen. Die subjektive Sicht der
Kinder wird zu ihrer eigenen und sie räkeln sich in
dieser überlegenen Energie. Sie baden regelrecht im
Bestimmen anderer und fühlen sich auf Kosten ihrer
eigenen Kinder stark. Die Kinder müssen sich dann
als minderwertig fühlen.

Auf diese Weise verhalten sich Lehrer, die ihren
Schülern die Lust des Lernens regelrecht austreiben
und ihre eigene Ohnmacht an zu Betreuenden auslassen. Gleiches gilt für schlechte Vorgesetzte. Sie
verlieren sich in diesem diabolischen Mechanismus.
Dieser dient nur einem Zweck. Demütigungen und
Störungen werden an den sogenannten Untergebenen
ausgeübt. Auf diese Weise brauchen sie sich nicht mit
sich selbst und der tatsächlichen Wahrheit
auseinanderzusetzen, was letztlich diesen ungeheuren

Schmerz der Angst vor dem Nichtsein mit sich bringen würde.

Raumzeitliches Denken fördert zusätzlich unbewusst unsoziales Denken, denn wenn du davon überzeugt bist, dass Ressourcen begrenzt seien, dann hast du ein Problem. Ellenbogenverhalten ist die Folge dieses von Mangel geprägten Denkens. Gesellschaftliche Regeln ändern nichts an dem Fokus auf andere und dem raumzeitlich geprägten Mangeldenken, weil eben-dieses die doppelte Funktion der Anpassung in sich trägt. Vor lauter unbewusster Todesangst gehst du mangels der Erinnerung an den Bewusstseinszustand vor deiner Geburt eine dauerhafte Symbiose mit deinen frühkindlichen Bezugspersonen ein und internalisierst deren Überzeugungen inklusive des raum-zeitlichen Denkens. Du unterliegst einem doppelten Anpassungszwang. Den an eine vermeint-lich willkürlich auf dich einwirkende Außenwelt und die damit verbundene vermeintliche Abhängigkeit von unberechenbar auf dich Einfluss nehmenden Menschen.

Sogenannte höhere Wesen sind wie Figuren aus Märchen. Sie sind mächtig, unberechenbar, willkürlich, zärtlich, grausam, verführerisch, teuflisch, heilend, verletzend, gut, böse, einengend und beschützend. Kurz gesagt sind sie genau so, wie Außenwelt und frühkindliche Bezugspersonen zusammen erlebt werden. Man ist ihnen ausgeliefert, aber sie beschützen einen auch. Man hat vor ihnen Angst, aber sie bieten auch Zuflucht.

Werden Menschen erwachsen und leben von ihren Eltern getrennt, bleiben aber unreflektiert dem doppelten Anpassungsdenken ausgeliefert, brauchen sie einen Ersatz, an den sie sich anpassen bzw. dem sie sich unterwerfen können, damit sie nicht vor lauter Angst vergehen müssen. Dies können menschliche Gurus oder übermenschliche omnipotente Wesen sein. Letzteren kann man alles scheinbar nicht Erklärbare zuschreiben. An einen Guru wiederum kann man jegliche Verantwortung abgeben. Dafür ist man ihm ausgeliefert. Man muss ihm gehorchen. Wesentlich ist, dass der diabolische Mechanismus erhalten bleibt.

Diese menschliche Neigung konnte durch den sogenannten Versuchsleiter-Effekt von Robert Rosenthal und K. L. Fode eindrucksvoll nachgewiesen werden. Es wurde untersucht, inwieweit Menschen sich durch vermeintliche Autoritätspersonen manipulieren lassen. Nicht wenige Versuchspersonen sind sogar bereit gewesen, gegen allgemeine ethische Grundsätze zu verstoßen. Dieser Zusammenhang ist auch als Arztkitteleffekt bekannt geworden.

Wie auch immer man die Wahrnehmung nennt, der Beobachter bleibt der Mittelpunkt seiner laufend durch ihn beeinflussten Wahrnehmung. Nach den allgemeinen durch Isaac Newton formulierten naturwissenschaftlichen Gesetzen ist das unmöglich, aber es ist doch wahr. Die allgemeinen naturwissenschaftlichen Gesetze können gemeinsame Träume von Menschen nicht erklären. Sie können auch das Auftauchen und Verschwinden von Interferenzmustern nicht erklären und sie sind nicht imstande, der Entropie gerecht zu werden.

Was nicht passte, wurde passend gemacht. Die relative Unschärfe wurde konsequent ignoriert und ein Urknall erfunden. Die alten naturwissenschaftlichen Gesetze halten schon lange nicht mehr stand, wenn es darum geht, natürliche Phänomene zu erklären. Was sind Phänomene denn? Eben alles, was nicht der klassischen Physik entspricht. Ich habe als Kind meinen Vater mit Fragen nach dem Universum gelöchert. Dieser wich mir aus und floh sogar vor mir. Er wollte nichts davon hören. Er überspielte seine Angst und sagte, niemand könne so etwas wissen.

Du kannst aber wissen, dass unterhalb der sogenannten Plancklänge die Gesetze von Raum und Zeit nicht gelten. Sie existieren dort nicht. In einem Spiegelbild existiert auch nichts Räumliches. Du kannst wissen, dass Interferenzmuster verschwinden und wieder auftauchen und dass Experimente die relative Unschärfe belegen. Wenn du alles, was du wahrnimmst, von einer bestimmten Vorgabe aus interpretierst, versuchst du stets, deine Erfahrungen mit deiner Vorgabe zu verknüpfen. Wenn eine Erfahrung dann nicht der Vorgabe entspricht, verneinst du diese.

So musste ich in einem naturwissenschaftlichen Buch nach seitenlangen Erklärungen über Entropie und Interferenz lesen, dass dies ja nicht dem gesunden Menschenverstand entspräche und ein Ausweg aus dieser Misere gefunden werden müsse. Es wurde nicht in Betracht gezogen oder sich einfach nicht getraut, das Vertraute in Frage zu stellen. Ich kann aber das Konzept der Entropie mit allen hier genannten Beispielen verbinden und komme so zu dem Ergebnis, dass naturwissenschaftliche Rätsel Erscheinungsformen derselben und einzigen Wahrheit sind.

Letztendlich zählen nur deine eigenen bewussten Erfahrungen. Solche muss jeder für sich selbst machen, denn wie der Traum es tut, vermag es auch die Wahrnehmung, die Sinne dermaßen zu täuschen, dass die äußere Erfahrung als die einzig mögliche Realität erscheint. Doch das Potenzial deiner Möglichkeiten ist weder genetisch festgelegt noch raumzeitlich beschränkt. Es ist von geistiger Natur und deshalb unbegrenzt.

-3-

Die Befreiung vom doppelten Anpassungszwang

Zeit ist die Relation oder das Verhältnis zwischen verschiedenen Bewegungen. Bewegungen, die vor anderen stattfanden, die gleichzeitig stattfinden oder nach einer anderen stattfinden. Mit Stattfinden ist die Wahrnehmung von Bewegung gemeint und nicht die allgemeine Annahme einer solchen selbst, da nur das existiert, was momentan wahrgenommen wird.

Ohne Bewegung gäbe es keine Zeitwahrnehmung. Zeit ist also die Wahrnehmung von Bewegung. Da aber, wie gerade angedeutet wurde, Bewegung als solche eine Illusion ist, wie auch der Raum als solcher, in dem sie stattfindet, existiert per se keine Zeit. Wo soll sie denn angefangen haben? Wo sind ihre Mitte und ihr Ende? Etwas Unendliches bietet keine Möglichkeit einer Relation. Es existiert kein Zeitpunkt, auf den man sich beziehen könnte. Man kann die Jahre von einem raumzeitlichen Ereignis zu einem anderen zählen, aber was ist ein solches Intervall denn eigentlich? Es ist die Relation zwischen verschiedenen Bewegungen. Und diese Bewegungen selbst sind wieder Illusionen.

Die Illusion von Bewegung entsteht durch die laufende Transformation der Strings, wenn diese Impulse für die Änderung ihrer Schwingung erhalten. Dies geschieht mit doppelter Lichtgeschwindigkeit und ist für deine Sinne nicht wahrnehmbar. Die Bewegung, die du wahrnimmst, ist Teil deines laufenden Wahrnehmungs-Daumenkinos, dessen Inhalt Resonanzen deines eigenen Bewusstseins darstellt. Es existiert kein raumzeitlich kausaler Ablauf. Das Märchen der Raumzeit ist längst ausgeträumt. Intelligente Menschen glauben auch nicht mehr an die Existenz einer Scheibenwelt.

Die Entropie beschreibt deutlich, dass der eben erlebte Moment nicht mehr eindeutig festlegbar ist. Das gilt auch für den nächsten Moment. Raumzeitliches Denken entspricht einer idealisierten Wahrnehmung. Es existiert weder ein ideales Äußeres, noch existieren ideale Formen. So ist auch die Mathematik der idealen Formen lediglich idealisiertes Raumzeitdenken.

Da keine echte konstante Wirklichkeit bzw. Realität existiert, ist auch die Materie als solche eine Illusion. Sie ist das Ergebnis der jeweiligen Schwingung der Strings. Diese findet ihren Ursprung in deinem Bewusstsein. So wie auch in einem Traum lässt sich dein Bewusstsein von deinen äußeren Sinnen täuschen und du unterliegst der Illusion, es mit fester per se existierender Materie zu tun zu haben.

Die Materie kann aber überhaupt nicht miteinander wechselwirken sowie auch einzelne Teile eines Bildes innerhalb eines Spiegels es nicht können. Materie ist die äußerlich sichtbare Abbildung deiner inneren Vorstellungen. Wie auch die Handlung eines fertigen Spielfilms sich nicht plötzlich ändert, verhält sich auch die Materie so, wie die Schwingung deines inneren Bewusstseins es den Strings vorgibt. Es existiert also per se nichts Stoffliches, weil es irgendwann entstanden sein müsste. Das ist nicht möglich, weil es weder Anfang noch Ende gibt. Die Plancklänge beschreibt die materielle Grenze. Die Strings bilden die Schnittstelle zwischen dem materiellen und dem individuellen Bewusstsein.

Es existiert dementsprechend keine allgemein gültige vorbestimmte Wahrnehmung und genau das wird ja auch durch die Quantentheorie ausgedrückt. Deine Wahrnehmung entspringt weder raumzeitlichen Zufällen noch bezugspersönlich interpretierten äußeren Bestimmungen, sondern deinen eigenen Überzeugungen. Dabei spielt es keine Rolle, ob diese nun selbst- oder fremdbestimmt sind. Du und die relative Raumzeit um dich herum sind Teil deines persönlichen Wahrnehmungshologramms. Du erlebst also deine individuellen Erfahrungen durch dein individuelles Denken. Daher gibt es weder ideale Ziele noch ideales Verhalten. Das wird dir nur durch deine bezugspersönlichen Überzeugungen suggeriert. Es gibt weder Gut noch Böse. Es gibt auch kein Richtig und kein Falsch, sondern nur Gedanken, die mehr oder weniger Energie besitzen und sich unterschiedlich anfühlen. Das ist tatsächlich die einzige Orientierung, die du wahrhaft erfahren kannst. Deine

Gefühle sind ein Feedback darüber, wie sich deine Wahrnehmung anfühlen würde, wenn du die Überzeugungen, die du momentan hast, beibehalten würdest.

Du kannst zwar nichts momentan bestehendes Äußeres bestimmen oder verändern, aber du kannst dir klarmachen, dass alles im sogenannten Außen bereits Wirkung ist (und das auch nur dann, wenn es zur momentanen Wahrnehmung gehört, denn der vermeintliche Rest ist lediglich ins Bewusstsein projizierte Illusion). Das Wahrgenommene ist eine Abbildung aus deinem Inneren heraus. Das Vergangene ist gewesen. Es ist vollkommen egal und wird stetig verschwommener, weil es ja nicht mehr existiert. Es zu rekonstruieren, wird immer schwieriger, weil es sich mit anderen Vorstellungen vermischt.

Solltest du gedanklich so unabhängig geworden sein, dass du die Vergangenheit nicht mehr raumzeitlich oder bezugspersönlich kausal denkend auf eine vermeintlich vorbestimmte Zukunft projizierst, kannst du gegenwärtig frei denken. Das Problem, wenn du so willst, ist dein zwischengeschaltetes bezugspersönliches Bewusstsein. Dieses kann dir schlechte Gefühle bescheren, obwohl der momentane Gedanke sich eigentlich gut anfühlen müsste.

Du hast dich beispielsweise verliebt, weißt aber, dass deine Eltern diese Beziehung nicht dulden würden. Durch diese bezugspersönliche Einmischung hast du nun ein schlechtes Gewissen, anstatt dich großartig zu fühlen. Die Überzeugung, dass deine Beziehung falsch sein könnte, ist selbst so falsch, dass du allein deshalb tief aus deinem Inneren ein schlechtes Gefühl als Feedback erhältst. Das Gefühl ist eine Reaktion auf dein momentanes Denken. Du verwechselst das und nimmst wahr, dass du ein schlechtes Gefühl wegen deiner Liebschaft hast. Dies ist das berühmte schlechte Gewissen ohne besondere Gründe.

Dieser Mechanismus bestimmt auch alle anderen Aspekte deines Lebens und so wirst du fremdbestimmt, ohne davon zu wissen. Je intensiver diese Fremdbestimmung ist, desto mehr bist du in dem doppelten Korsett des Anpassungssyndroms eingebunden. Je mehr Menschen dich nun als Resonanzgrundlage benutzen können, um dich so zu manipulieren, wie sie selbst manipuliert wurden, als dieser Mechanismus in ihrem Bewusstsein durch die Konditionierung ihrer eigenen frühkindlichen Bezugspersonen installiert wurde, desto schlechter geht es dir psychisch und physisch.

Loslassen frühkindlicher Bezugspersonen

Diesen Kreislauf kannst du nur durchbrechen, wenn du mehr und mehr selbstbestimmt denken lernst. Dafür ist es allerdings unumgänglich, dich gedanklich von deinen dir auferlegten Überzeugungen zu trennen. Auch die reale Nähe von deinen früheren Bezugspersonen, die ganz im raumzeitlichen Denken gefangen sind, solltest du meiden. Du dienst ihnen sonst weiter als Resonanzgrundlage. Diese Trennung ist nicht einfach. Sie kann mit Schmerz und Angst zu tun haben und erhebliche Widerstände in deinem noch fremdbestimmten Bewusstsein erzeugen. Viele Stimmen flüstern dir zu, du solltest das doch lieber lassen. Viele Gedanken werden dich ablenken und dich in alltagsroutiniertes Denken oder sinnlose Grübeleien entführen. Dies soll verhindern, dass du dich bewusst gedanklich und geistig weiterentwickelst.

Denk einmal einen bestimmten Gedanken und beobachte, wie schnell er wieder verschwunden ist. Schreibe ihn dir vorher auf und lege den Zettel irgendwo ab. Widme dich nun deinem Alltag. Du wirst dich bald über diesen Zettel amüsieren, wenn er dich an den längst verdrängten Gedanken erinnert.

Je mehr es dir gelingt, dich gedanklich sowie räumlich von deinen frühkindlichen Bezugspersonen zu trennen, desto eher gelingt es dir, dir selbstbestimmte Gedanken zu erlauben, die für dich persönlich richtig sind. Diese Trennung ist so wichtig, weil es dir sonst nicht gelingen wird, eine persönliche, selbstbestimmte und unabhängige Denkweise zu entwickeln. Diese brauchst du, wenn du eine Gedankenstruktur pflegen willst, die sich für dich persönlich gut anfühlen soll. Wenn du weiter fremdbestimmte Überzeugungen zulässt, interpretierst du auch das Wahrgenommene weiter falsch.

Je mehr du dich löst, desto mehr befreit sich dein Bewusstsein von den dich störenden Überzeugungen. Wenn du dich dem Äußeren anpasst, passt du dich dem an, was nur existiert, weil sich dein Wahrnehmungsbewusstsein an deine innere Schwingung anpasst.

Der Versuch wiederum, ehemalige Bezugspersonen von der Wahrheit zu überzeugen, erzeugt lediglich Widerstände bei denselben. Du würdest auf Unverständnis stoßen. Es wäre nicht nur so, dass sie die Wahrheit nicht hören wollten, sie würden dich auch spüren lassen, dass sie es für besser hielten, wenn du deine neuen Überzeugungen aufgeben würdest. Sie unterliegen ihren eigenen ihnen suggerierten Überzeugungen. Ihr Verhalten ist im übertragenen Sinne vergleichbar mit Tieren, die in einen brennenden Stall zurücklaufen, nachdem sie bereits daraus gerettet wurden.

Solange andere an dir ihre bezugspersönlichen Überzeugungen auslassen können oder du dich mit diesen identifizierst, bleibst du im Teufelskreis der Fremdbestimmung und an eine diesen Überzeugungen entsprechende Wirklichkeit gebunden. Durch das Verstehen und Verinnerlichen der Wahrheit entbindest du dich von diesem Mechanismus und löst dich von der Manipulation anderer und letztendlich von dem Fundament ihrer bezugspersönlichen Überzeugungen sowie ihrer absichtlich an dich gerichteten Suggestionen.

Hier zeigt sich nicht nur ihre grenzenlose Ohnmacht, sondern ein Mechanismus, der die ganze Population betrifft. Solche Menschen sind von einem tiefen Narzissmus befallen, da sie aufgrund ihrer eigenen sie massiv bestimmenden Überzeugungen keine

Anbindung zum Ursprung oder der wahren Energie haben. Sie sind dermaßen von der Angst vor dem Tod und tatsächlich vor der Angst vor dem Nichtsein besessen, dass sie als Sklaven des Mechanismus agieren und durch ihre Störimpulse jegliche Erkenntnis bei anderen zu verhindern suchen. Sie sind dermaßen mit ihrer körperlichen Erscheinung identifiziert, dass sie keine eigene Energie besitzen und mittels des hier beschriebenen Mechanismus die Energie von anderen benutzen müssen, um zu existieren. Sie sind diejenigen, die jede Entwicklung im Keim ersticken wollen und gänzlich auf die so-genannte Außenwelt fixiert sind.

Hüte dich vor ihnen. Sie täuschen dir gekonnt vor, wahre Engel zu sein, bis sie beginnen, ihr wahres zerstörerisches Selbst an dir auszulassen. Sie vergiften deinen Geist und damit automatisch auch deine Wirklichkeit, sie missbrauchen dich gnadenlos als Energiespender und sie saugen dich aus, solange du es zulässt.

Man muss sich letztendlich fragen, ob diese diabolischen Existenzen überhaupt echte Wesen sind, denn dieses Verhalten ist nicht nur Absicht, es ist das sprichwörtliche Böse selbst. Hier findet sich die einzige Ursache allen wahrgenommenen Leidens. Die Tatsache jedoch, dass sie keine eigene Anbindung zu jeglicher Energie haben, macht sie vollkommen abhängig.

Sie haben nicht die Möglichkeit, durch Überzeugungen ihre Wahrnehmung zu kreieren, weder bewusst noch unbewusst. Sie sind darauf angewiesen, andere mit ihren Suggestionen von sich zu überzeugen. Sie versuchen, sich förmlich an andere anzuheften, um deren Energie aufzusaugen. Solche Energievampire spürst du sehr schnell. In ihrer Gegenwart fühlst du dich erschöpft. Ihr ständiges Auf-dich-Einreden macht dich müde. Zudem versuchen sie dich bis zum Geht-nicht-mehr auszunutzen. Sie versuchen, dich von ihnen abhängig zu machen. Gleichzeitig versuchen sie, dich bei anderen durch üble Nachrede schlechtzumachen. Ihnen ist es egal, wenn es jemandem schlecht geht. Durch die Emotionen, die ihre Opfer empfinden, erhalten sie Energie.

Solltest du solche Menschen in deinem Umfeld haben, dann beginne dich sofort in deinem Inneren von ihnen zu lösen und dich vor ihnen zu schützen. Jedes Gespräch mit ihnen ist zu vermeiden, denn sie werden dich stets mit irgendwelchen Lügen über sie selbst, über dich oder vermeintliche Inhalte der sogenannten Wirklichkeit ablenken. Entziehe ihnen jegliche Aufmerksamkeit. Dann werden sie dich in Ruhe lassen müssen, da sie auf andere angewiesen sind, denn sie besitzen weder Macht noch Energie.

Entlarve deine dich störenden Impulse in deinem eigenen Inneren, die dich davon abhalten sollen, dich zu befreien. Löse dich also von deinen bezugspersönlichen Überzeugungen. Die sind allein dazu da, dich gefügig zu machen, damit du von diabolischen Kreaturen manipuliert und zu einem energiespendenden Opfer gemacht werden kannst.

Löst du dich von den Manipulationsversuchen anderer, trittst du aus dem Bannkreis ihrer Suggestionen aus. Das bedeutet, dass du von der Überzeugung Abstand nimmst, die Bedürfnisse von anderen stünden über deinen eigenen und du hättest einen von anderen bestimmten Weg zu gehen und seist in allen Dingen von der Befürwortung anderer abhängig.

So kommst du zu der Erkenntnis, dass es keine moralischen Bestimmungen gibt, was du zu erleben hättest oder mit wem du etwas zu erleben hättest. Außerdem, dass es keine dir weisungsbefugte oder über dir stehende Instanz gibt, die zu bewerten hat, was du denkst oder erlebst oder leben möchtest und dass keine übergeordnete Instanz existiert, die beobachtet, ob du irgendwelche moralischen Bestimmungen einhältst, und dass es schließlich von allein keine moralisch motivierten Folgen auf deine Gedanken und/oder Wünsche gibt.

Die Fixierung auf „das, was ist"

Durch die allgemeine raumzeitlich und bezugspersönlich beeinflusste Realitätsvernunft lebst du
nicht nur unbewusst nach den Regeln, die einst
Newton herausgefunden hat, sondern du unterliegst,
ohne es zu bemerken, der Fixierung auf „das, was ist".
Dieses „das, was ist" beinhaltet gleich mehrere
Facetten von scheinbarer Realität. Dazu gehört zuerst
deine momentane Wahrnehmung. Diese verknüpfst
du, als sei es selbstverständlich, laufend mit dem
imaginären scheinbar um die Wahrnehmung herum
existierenden Raum, Land, Planeten und letztendlich
Universum. Zu diesem „das, was ist"-Gemisch fügen
sich die Vorstellungen von „dem, was gewesen ist"
und die damit verbundene raumzeitlich und/oder
bezugs-persönlich geprägte kausale Erwartung von
„dem, was vermeintlich sein würde". Aufgrund der
Fixierung auf dieses gesamte „das, was ist" allein
laufen schon ständig Wiederholungszyklen innerhalb
deiner Wahrnehmung.

Wie oben beschrieben, wird Vergangenes auf das gegenwärtige Vorstellungsbewusstsein projiziert und wiederholt sich deshalb stetig. Du unterliegst zuweilen dem Drang, dich an solchen Routineabläufen zu orientieren und in ihnen Sicherheit zu suchen, die sie aber so niemals geben.

Allgemeine Begrifflichkeiten

Es gibt keine Zeit. Der Begriff Zeit ist ein Wort, das helfen soll, die Veränderungen der Wahrnehmung zu beschreiben, während sie sich an deine inneren Gedanken und Überzeugungen anpasst.

Eine Überzeugung ist ein innerer Gedanke, den du auch unbewusst andauernd denkst. Er ist latent vorhanden. Daher dient dieser innere Gedanke als formgebende Schablone für die Transformation deiner Wahrnehmung.

Eine Erwartung bedeutet, etwas zu denken und ein Gefühl dafür zu bekommen. Jeder Gedanke hat eine ihm eigene Schwingung. Du nennst diese Schwingung Gefühl oder Bauchgefühl. Anhand deines Bauchgefühls erkennst du immer, wie sich deine äußere Wahrnehmung anfühlen würde, wenn du den dazugehörigen inneren Gedanken weiterdenken bzw. die entsprechende Schwingung beibehalten würdest. Dieser Vorgang erfolgt zusammen oder gleichzeitig, wie du es nennst. Dein Bauchgefühl ist immer die Schwingung, die sich aus all deinen momentanen Gedanken zusammensetzt, ob sie dir nun bewusst oder unbewusst sind.

Die Lösung für ein Problem beginnt mit der Einsicht, dass du es bist, der es wahrnimmt. Also liegt auch die Lösung in deinem Inneren. Es ist sinnvoll, dass du verstehst, dass im inneren Denken deine ganze Selbstbestimmung liegt und im inneren Fühlen deine ganze Kraft. Probleme entstehen durch entsprechende Überzeugungen. Löst du dich von den Überzeugungen, die zu Problemen geführt haben, und ersetzt diese mit dem Verständnis über die Wahrheit, löst sich auch der Zwang auf, dich ständig an die Probleme erinnern zu müssen. Die Probleme erhalten dann keine Energie mehr und lösen sich von innen her auf.

So wie du denkst, so lebst du auch. Denkst du immer das Gleiche, erlebst du auch immer die gleiche Transformation.

Denkst du ständig mit denselben Überzeugungen, können sich keine neuen Bilder einstellen und deshalb kommt es dir so vor, als sei eine neue Transformation schwer zu bewerkstelligen.

Entspannt zu sein ist vergleichbar mit bei dir selbst zu sein. Durch das Verständnis, dass es kein Dadraußen gibt, welches dich von sich aus stören könnte, und dass es nur eine Regel gibt, empfängst du innere Ruhe. Deine innere Ruhe breitet sich aus und bringt auch deine inneren Gedanken zur Ruhe. So kannst du deine Aufmerksamkeit isoliert einer gewünschten Vorstellung zuwenden, die sich gut anfühlt.

Da, wo sich deine Aufmerksamkeit befindet, liegt auch deine gegenwärtige Transformation. Lässt du das Alltägliche los und denkst wie ein Kind nur an die Erfüllung von etwas Erwünschtem, dann fügt es sich viel einfacher in deine laufende Transformation ein.

Um etwas verändern zu können, musst du erst herausfinden, wo sich deine dauerhafte Aufmerksamkeit befindet. Durch das bewusste Aussuchen, wem oder was du deine Aufmerksamkeit schenkst, änderst du bewusst deine Transformation.

Wenn sich deine Wahrnehmung nicht an etwas Erwünschtes anpasst, liegt das ganz einfach daran, dass es dir an Überzeugung mangelt. Wie soll sich denn deine Wahrnehmung an etwas anpassen, obwohl du keine Vorstellung davon hast und dazu auch noch vom Gegenteil überzeugt bist? Es verwirklicht sich immer nur das, was du insgesamt glaubst bzw. von dem du überzeugt bist, was sich also in deinem Inneren schon manifestiert hat.

Lass deine alten Überzeugungen los und vertraue der Wahrheit. Ändere deine Glaubenssätze und lass zu, dass sie sich in deinem Bewusstsein manifestieren. Deine Wahrnehmung wird ganz von allein folgen.

Es ist wichtig zu verstehen, dass die Außenwelt nichts von allein macht. Sie ist nur ein Spiegel deiner inneren Gedanken und Überzeugungen. Genau genommen ist sie ein Teil von dir oder deinem Bewusstsein. Da sie ein Teil von dir ist, passt sie sich auch dem an, was du bist bzw. denkst zu sein.

Da deine Wahrnehmung sich dir anpasst, muss es einen Teil in dir selbst geben, der die entsprechenden Überzeugungen enthält. Dieser unsichtbare Teil von dir ist dein bezugspersönliches Bewusstsein. Es ist die Anhäufung der Überzeugungen, die aus deinen Grundsuggestionen hervorgegangen sind. Gegenüber diesen dir unbewussten Überzeugungen verhält sich der Rest deines Bewusstseins passiv, während sich dein waches Bewusstsein entweder unterwürfig oder trotzig verhält. Die Passivität deines Unbewussten, die

Unterwürfigkeit deines wachen Bewusstseins und auch dessen Trotz ändern nichts Grundlegendes an der Anpassung deiner Wahrnehmung an deine bezugspersönlichen Überzeugungen, da diese im Unbewussten wirksam bleiben.

Je mehr du von deinen bezugspersönlichen Überzeugungen Abstand nimmst, desto weniger hältst du unbewusst an den vorherigen Wahrnehmungsinhalten fest und es läuft immer mehr so, wie du es haben möchtest.

Bezugspersönliche Überzeugungen sind entwicklungshemmende unbewusste Vorstellungen. Sie beinhalten das Nicht-richtig-sein-Denken. Dieses Denken entspricht dem dir auferlegten Zwang, dich selbst nicht lieben zu dürfen und stattdessen irgendwelchen äußeren Idealen hinterherlaufen zu müssen. Auf diese Weise bleibt dir der Weg versperrt, dich selbst zu erkennen und zu entwickeln. Du bleibst in dem Gefühl der Minderwertigkeit gegenüber verschiedensten Idealen gefangen. Deine

Transformation ist erfüllt von fremden Idealen, die nicht zu deinem eigenen Ich passen. Die zu dir passende Wahrnehmung wird von dir selbst verneint, weil du der Überzeugung unterliegst, dein nicht geliebtes Selbst sei dessen nicht wert. Deine dich hemmenden und dich fremdbestimmenden Überzeugungen überwindest du durch das Wissen um deren Herkunft und deren Entstehungsgeschichte.

Die Abhängigkeit von kausalen Abläufen innerhalb der Wahrnehmung ist eine Illusion. Die vermeintlich aufeinanderfolgende Wirklichkeit ist tatsächlich ein Fließen, das aus dem Inneren herrührt. Es gibt keine echten kausalen Abläufe, was du zum Beispiel daran sehen kannst, wenn Menschen plötzlich nicht erklärbare Heilung erfahren. Nichts ist in Stein gemeißelt, dafür ist alles reine Projektion.

Statt Dinge im Äußeren ändern zu wollen, musst du sie im Inneren loslassen. Entziehe ihnen die Aufmerksamkeit, indem du dich daran erinnerst, dass es nur Überzeugungen sind, die dazu geführt haben.

Glaube nicht an Tatsachen, denn dies ist dein Leben. Es existiert ausschließlich für dich. Es entspricht deinen inneren Gedanken. Also achte auf deine Überzeugungen und die dazugehörigen Gefühle.

Dadurch, dass du weißt, dass du entscheidest, bist du nicht mehr gedanklich auf irgendwelche dir von deinem bezugspersönlichen Bewusstsein auferlegten Bedingungen angewiesen. Du kannst selbstbestimmt entscheiden. Halte einfach immer mit der Bewusstheit inne, dass du es bist, der entscheidet. Fülle, die auf Materie basiert, ist eine Illusion. Die echte Fülle entspricht der unendlichen Anzahl der Möglichkeiten, die dir zur Verfügung stehen.

Die Lösung deiner Traumata

Natürlich könntest du auch ohne jeglichen Hintergrund einfach draufloswünschen und dich ganz naiv wie ein Kind lustig durch das Leben schlängeln. Nur würden dich deine bezugspersönlichen

Überzeugungen ständig wieder einholen. Deine verborgenen Traumata würden weiterarbeiten und du würdest irgendwann vor der Selbstbetrügerei nicht mehr fortlaufen können. Deine psychischen und körperlichen Signale kannst du auf Dauer nicht überhören und ein Leben unter dauerhafter bezugspersönlicher Bestimmung ist weder glücklich noch angenehm.

Du lebst dann in Abhängigkeit und in dauerhafter Furcht. Erleichterung empfindest du dann nicht bei einem schönen Erlebnis, sondern nur, wenn dir gerade mal niemand etwas zuleide tut. Schöne Erlebnisse müssen dafür in den Hintergrund treten. Du würdest unbewusst weiter in einer von Mangel geprägten Welt leben.

Diese Überzeugung gehört zu dem dir aufgezwungenen Denken. Zwänge dienen einzig und allein dem Erhalt der Fremdbestimmung durch deine bezugspersönlichen Überzeugungen. Angst vor Strafe,

Zurückweisung und Untergang werden geschürt, um dich gefügig zu machen.

Dein ganzer bezugspersönlicher Mechanismus arbeitet daran, dich kleinzuhalten, und simuliert dir laufend, nicht gut genug zu sein, nichts zu können und/oder nichts zu dürfen. Der andauernde Wettbewerb mit anderen und das sich dauernde Durchsetzenmüssen ist energieaufreibend und ermüdend. Dies sind die Folgen von Überzeugungen des Mangels.

Mangels des Wissens um die Wahrheit kommst du nicht zu einer Lösung deiner Probleme. Du schlägst dich ständig mit der Behandlung von Symptomen herum, ohne die eigentlichen Ursachen zu beleuchten. Körperliche Symptome bekämpfst du rein medizinisch und deine dir unbewussten Störungen in deinem System bleiben unangetastet.

Doch wenn du beginnst, die oben geschilderten Zusammenhänge zu verstehen, verstehst du auch, dass das Äußere per se keine Ursache sein kann. Alles

Äußere ist bereits Wirkung. Keine oberflächliche Heilung ist jemals von Dauer, weil die eigentlichen Ursachen im Inneren weiterarbeiten. Was nützt dir Hilfe aus dem Äußeren, wenn doch alles aus dem Inneren kommt? Deine verborgenen Traumata, die meist mit deinen frühkindlichen Bezugspersonen zu tun haben, müssen entdeckt und aufgelöst werden. Das musst du unbedingt lernen zuzulassen. Wenn du deine Traumata aufspürst und mitfühlend löst, löst du dich auch von deinen bezugspersönlichen Überzeugungen.

Wenn dir dieses Wunder gelingt, bemerkst du zuerst gar nicht, dass sich etwas geändert hat. Denn das, was da vorher gestört hat, ist plötzlich verschwunden. Andere Menschen treten in dein Leben oder ungeliebte Menschen verschwinden einfach von der Bildfläche. Ein aufgelöstes Trauma hinterlässt eine Lücke im Bewusstsein. Da, wo Schmerz tobte, ist nun Frieden. Es dauert nicht lange, bis sich dieser innere Frieden auch im Äußeren zeigt. Verstehst du, er muss sich zeigen. Körperliche Symptome, die du vielleicht lange Jahre als Krankheit wahrgenommen hast, sind plötzlich verschwunden.

Die Wahrnehmung deines Körpers

Zu deiner Wahrnehmung gehört also auch dein Körper. Der Zustand deines Körpers ist von deiner Schwingung abhängig. Er passt sich ihr ständig neu an. Jede Überzeugung wird mit einem Gefühl beantwortet und dieses ruft körperliche Äquivalente oder sogenannte somatische Erscheinungen hervor. Die Qualität dieser Erscheinungen richtet sich danach, wie es dir dauerhaft gefühlsmäßig geht. Wie bereits oben beschrieben, finden sich hier physische Hinweise auf die posthypnotische Wirkung deiner durch deine Grundsuggestionen entstandenen Überzeugungen.

So wie der Traum oder die Erfahrung selbst gibt dir auch dein Körper durch das Äquivalent seines Zustands Auskunft über den dauerhaften Gemütszustand deiner Seele und über die Beschaffenheit deiner dauerhaft unbewusst vorhandenen Gedanken und Überzeugungen. Wird der Ursprung bestimmter Äquivalente durch Eigenanalyse herausgefunden und mitfühlend begleitend verarbeitet, lösen sich die entsprechenden somatischen Erscheinungen auf.

Dass sich solche Erscheinungen auflösen können, zeigt sich beispielsweise in Berichten über Quantenheilungen oder Spontanheilungen.

Die Fähigkeit einer Heilung von innen heraus ist in Wahrheit der einzige Heilungsprozess, den es gibt. Es gilt, das Bewusstsein zu heilen, denn aus diesem gehen Umstände, die einer Heilung bedürfen, erst hervor. Umstände, durch die du erkennst, dass du eine Gefühlsheilung benötigst, kannst du als Wege zur Selbsterkenntnis nutzen.

Das ausschließliche Behandeln von Symptomen, welche oft als Krankheit selbst bezeichnet werden, verschleiert die eigentlichen Ursprünge. Die Symptome selbst sind nur das, was momentan ist. Auch

Mangelerscheinungen, welche vermeintlich durch äußere Umstände den Körper schädigen, sind Transformations-Äquivalente einer von Mangel geprägten Gedankenstruktur. Selbst sogenannte erblich bedingte Krankheiten sind nichts anderes als die schon während der Kindheit unbewusst übernommenen suggestiven Stimmungs- und Meinungsprojektionen (Schwingungsmuster) von Bezugspersonen. Es existiert keine äußerliche Kausalität, deshalb existiert auch keine wahre vererbbare Krankheit. Diese kann ausschließlich als Vorstellung existieren und im Bewusstsein manifestierte Vorstellungen haben die Eigenschaft, sich zu verwirklichen.

Dein Körper ist ein Bestandteil deiner sich transformierenden Wahrnehmung und damit ebenfalls abhängig von deinen Gedanken, deinen Überzeugungen und deiner Gefühlslage. Jede einzelne Zelle deines Körpers reagiert auf deine Grundgefühlslage bzw. die Gedankenmuster deines Bewusstseins.

Dauerhafte Gedanken, die sich gut anfühlen, lassen deinen Körper erblühen. Dauerhafte Gedanken, die sich nicht gut anfühlen, lassen deinen Körper vergehen. So sieht sich dein Körper durch Stress veranlasst, sich langsam aufzulösen. Gefühle von Zuneigung wiederum veranlassen deinen Körper, sich vollkommen zu erneuern. Hierbei spielt das Alter deines Körpers keine Rolle. Das Vergehen von Zeit ist die Wahrnehmung von Bewegung oder auch Veränderung (Transformation) und diese Wahrnehmung hat ihren Ursprung in deinem inneren Selbst. Der Zustand deines Körpers ist abhängig von deiner bewussten und unbewussten Überzeugung über seinen Zustand. Zeit deines Lebens ist dein Körper in der Lage, sich vollständig zu regenerieren. Überlieferte spirituelle Weisheiten zeugen von dieser Fähigkeit des Körpers.

Gesundheit ist dein natürlicher Zustand. Du brauchst diesen Zustand nicht zu erlangen, du brauchst ihn nur zuzulassen. Dein gegenwärtiger Gesundheitszustand entspricht genau dem gegenwärtigen Zustand deiner

Gedanken und Überzeugungen. Änderst du diese, ändert sich auch dein Gesundheitszustand. An der Art deines Gesundheitszustands erkennst du also, ob und von welchen Überzeugungen du dich lösen solltest. Löst du dich von einer Überzeugung, löst sich auch der entsprechende Transformationsinhalt auf – immer.

Krankheiten bzw. körperliche Symptome sind also Hinweise für die Vorgänge in deinem Unbewussten. Sie erzählen von deinen Grundsuggestionen und Erlebnissen. Deine bezugspersönlichen Überzeugungen verhindern, dass du diese Hinweise bewusst aufnimmst. Deshalb gehst du beispielsweise zu einer Ärztin. Dein bezugspersönliches Bewusstsein ist daran interessiert, die Symptome loszuwerden. Deshalb hast du das Bedürfnis, die Krankheit durch Einwirkung von außen zu bekämpfen. Dieser Mechanismus beginnt bereits mit der ersten Außenwahrnehmung. Durch die dir noch unbekannte Einwirkung von außen entsteht das Bedürfnis nach Schutz, um zu überleben. Hier entstehen gleich die beiden wichtigsten Überzeugungen zur Bildung deines bezugspersönlichen Bewusstseins: die der Einwirkung von außen und die der Abhängigkeit von anderen. Deine Wahrnehmung passt sich dementsprechend diesen Überzeugungen an (Anpassungszwang). Darauf folgen dann deine dir vermittelten ersten Grundsuggestionen und deine ersten Traumata durch schwierige Erlebnisse mit deinen frühkindlichen Bezugspersonen. Diese sind die eigentlichen Ursachen für die Symptome, die zu einem Arztbesuch geführt haben.

Das Erkennen der ursprünglichen Ursachen ist mit der unbewussten Angst verbunden, bestraft zu werden. Es ist viel einfacher oder bequemer, sich durch eine Ärztin Erleichterung zu verschaffen. Du unterwirfst dich lieber einer Ärztin, die ein Symbol für deine eingebildete Abhängigkeit von anderen ist. Dich ihrer Behandlung zu unterziehen, ist so, als ob du dich duckst wie ein Kind, das einer Strafe entgehen will. Gleichzeitig ist es dein unbewusster Wunsch, von der Ärztin Absolution zu erhalten. Symptome werden als Strafe empfunden und diese Strafe soll aufgelöst werden. Du brauchst diese Absolution aufgrund deines inneren Verbotes, über dich selbst zu bestimmen. Zudem mangelt es dir an dem Verständnis dafür, dass du aufgrund des Prinzips der Transformation oder einfach der Wahrheit sowieso selbstbestimmt bist. Also ergibst du dich dem Anpassungszwang an das Äußere.

Die Heilung von Symptomen oder einer Krankheit beginnt mit der Überzeugung, dass du mit der Fähigkeit geboren wurdest, bewusst oder unbewusst zu denken, und dass sich deine Wahrnehmung seither deinen inneren Gedanken angepasst hat. Durch den oben beschriebenen Mechanismus des Anpassungszwangs an deine Grundsuggestionen wurde dieses Verständnis verdrängt und der eigentliche Grund, also die Ursache für die Symptome oder die Krankheit, überhaupt erst geschaffen.

Filtere die Gedanken und Überzeugungen heraus, die zu den Symptomen geführt haben, und verarbeite die verdrängten Ursachen. Nähre die Überzeugung, dass du nur aus deinem Inneren heraus gesund werden kannst. So wie der Weihnachtsmann nichts mit den Geschenken zu tun hat, so bringt auch nicht das Äußere deine Heilung. Das ist nur eine dem Anpassungszwang unterliegende Vorstellungen. Die Leistungen von Ärztinnen bleiben hier unangetastet, denn sie haben ihre Energie dafür verwendet, zu lernen, wie deine körperlichen Äquivalente oberflächlich gesehen zu heilen oder zu lindern sind. Hast du es nämlich so weit gebracht, dass deine Symptome deinen körperlichen Zustand, dein Denken und damit auch dein Leben bestimmen, ist es zunächst ein Se-gen, dass es Ärztinnen gibt, die dir in der Not helfen können. Um langfristig selbstbestimmt gesund zu sein, scheinen mir allerdings die bewusste Verarbeitung deiner Traumata und ein Leben mit der Wahrheit sinnvoll zu sein.

Das Fundament der Überzeugungen, auf dem du stehst, bestimmt deine Möglichkeiten und das Maß der Fähigkeit, durch dein Denken bewusst dein Leben zu gestalten. Beginnst du damit, unabhängig von Zeit und Raum für dich aus deinem inneren Bewusstsein heraus zu denken, also die Betrachtungsweise umzukehren, dein Bewusstsein würde sich innerhalb des Raumes befinden, so dass sich der Raum im Bewusstsein befindet, verlieren für dich alle Schlussfolgerungen ihre Gültigkeit, die sich aus der Annahme ergaben, es würde ein einziges Universum existieren.

Du verstehst dann, warum ausschließlich das existiert, was du wahrnimmst. Du verstehst, dass nur das existieren kann, was du wahrnimmst, weil deine Erfahrung (deine Außenwelt) das Resonanzbild deiner Gedanken ist. Du verstehst, dass die Wahrnehmung deines Körpers auch zu diesem Resonanzbild gehört.

Du bist also frei, deine eigenen Erfahrungen bewusst und unabhängig begleitet von deinen Gefühlen aus deinem Denken heraus auszusuchen. Zu denken, dass deine Erfahrungen den Regeln deines Universums unterliegen, ist eine bezugspersönliche Überzeugung. Solche Regeln existieren nicht. Deine Erfahrungen finden ihre Entstehung in deiner Erwartungshaltung, also in deinen inneren Gedanken. Es geht gar nicht anders. Erwartest du etwas aufgrund der Annahme von irgendwelchen Regeln, dann wird dies nur deshalb Teil deiner Wahrnehmung, weil du das glaubst. Von allein geht das gar nicht. Es ist nicht leicht, zu verstehen und anzuerkennen, dass deine inneren Gedanken auch Erfahrungen hervorbringen können, die sich nicht gut anfühlen. Hast du allerdings überwiegend innere Gedanken, die sich gut anfühlen, bringen diese auch dementsprechende Erfahrungen hervor.

Wenn du keine negativen inneren Gedankenschleifen hast, bist du auch nicht ständig damit beschäftigt, mit ausgleichenden Gedanken an deiner Wahrnehmung herumzudoktern. Das wahre Glück ist nicht der Ausgleich von negativen inneren Gedanken und/oder negativen äußeren Erfahrungen, sondern unabhängig für dich selbst Liebe zu empfinden und selbstbestimmt zu denken.

Kinder

Kinder sollen erzogen und dadurch gesellschaftsfähig gemacht werden. Deshalb durchlaufen sie eine mehr oder weniger fremdbestimmte Entwicklung, was ja auch Sinn machen würde, gäbe es eine einzelne relative Raumzeit. Aber so ist es nicht und deshalb sind Eltern, die bei jedem Pieps nachschauen, ob alles in Ordnung ist, und ihre Kinder in Watte packen, genauso verantwortungslos wie Eltern, die ihre Kinder stundenlang allein schreien lassen und sie mit Zuckerbrot und Peitsche nach pathologisch gefärbten Vorstellungen beeinflussen (beeinträchtigen) und/oder gefügig machen wollen.

Kinder sind glücklich und zufrieden, wenn sie tatsächlich beschützt sind und ausreichend Zuspruch und Nähe erfahren. Kümmern sich Eltern liebevoll um sich selbst und um die Kinder, lernen die Kinder auch, sich liebevoll um sich selbst und andere zu kümmern.

Die als selbstlose Fürsorge getarnte elterliche Vereinnahmung, die Kinder als Lebensinhalt benutzt, weil die Eltern sich nicht um sich selbst kümmern dürfen oder können, ist eine andauernde, die Entwicklung der Kinder hemmende Suggestion, aus der im Verlauf ihres Aufwachsens ein Teil ihres ihnen unbewussten bezugspersönlichen Bewusstseins entsteht.

Autoritäre Erziehungsmethoden verhindern die gesunde Entwicklung der Psyche genauso grundlegend wie beispielsweise antiautoritäre. Es ist der ausschließliche und andauernde Fokus auf dem Kind und die damit verbundene unbewusste dauerhafte Übertragung elterlicher Vorstellungen, die Kinder in deren psychischen Entwicklungen behindern und deren Selbstbestimmung beeinträchtigen oder ganz verhindern. Unausgesprochene Ängste und nicht verarbeitete Traumata sind die Folgen.

Stören Eltern die Entwicklung der Kinder, entwickeln diese eine entfremdete Wahrnehmung bezüglich ihrer eigenen Bedürfnisse. Sie nehmen dann ihre eigenen Bedürfnisse nicht wahr und entwickeln den Zwang, den monströsen Ansprüchen anderer nachzukommen. Letztere gehören zu den oben beschriebenen Individuen, die anderen die Energie stehlen müssen. Diese Störungen entwickeln sich durch Eltern, die ihre eigenen Probleme nicht bewältigen können oder wollen und sich durch den pathologischen Fokus auf das Kind Ablenkung verschaffen.

Kinder sind fähig, Konzepte, selbst wie sie in diesem Buch beschrieben sind, spielerisch zu begreifen und zu erlernen. Das Konzept Weihnachtsmann können sie auch begreifen, obwohl es reine Angstmacherei und Verschleierung der Wahrheit ist.

-4-
Transformationsorientierte
Praxis

Der unbewusste Fokus

Die Aufmerksamkeit eines Kindes ist auf die gegenwärtige Wahrnehmung und auf die eigenen Bezugspersonen fokussiert. Seine unbewusste Erwartungshaltung ist noch unbeeinflusst von Vergangenem, von Gedanken an eine imaginäre Außenwelt oder von in dessen Bewusstsein internalisierten Bezugspersonen. Deshalb wird die selbstbestimmte Eigenschwingung stark wahrgenommen und spielt bei der Erwartung des Folgenden eine große Rolle.

Beim Erwachsenwerden treten momentane Wahrnehmung und frühkindliche Bezugspersonen langsam in den Hintergrund. Die Aufmerksamkeit ist auf Vergangenes, das vermeintlich davon abhängige imaginäre Äußere und auf die internalisierten frühkindlichen Bezugspersonen fokussiert. Dadurch ist die Erwartungshaltung des Folgenden überwiegend fremdbestimmt beeinflusst. Die Wahrnehmung der selbst-bestimmten Eigenschwingung ist auf ein

Minimum reduziert und spielt deshalb bei der Erwartungshaltung keine große Rolle mehr. Dabei ist es gerade die Erwartungshaltung, die bewusst oder unbewusst den Transformationsinhalt der permanent laufenden individuellen Wahrnehmung bestimmt.

Diesem Teufelskreis zu entkommen ist nur durch die Erkenntnis der Wahrheit möglich:

- Erkennen der raumzeitlichen Illusion
- Erkennen des bezugspersönlichen Mechanismus
- Auflösen raumzeitlichen Denkens
- Auflösen bezugspersönlicher Überzeugungen

Solltest du nun fröhlich drauflosdenken, wird sich in deiner Wahrnehmung bis auf kleine Achtungserfolge nichts Wesentliches verändern. Denn solange Überzeugungen in deinem Bewusstsein existieren, die dich nicht nur boykottieren, sondern dich immer noch hauptsächlich bestimmen, übernehmen diese sofort die Führung und ersticken jeden halbgaren Versuch im Keim. Dein Misserfolg lässt sich dann denken, dass es sowieso keinen Zweck hätte und du verfällst schnell wieder in alte bekannte Denkstrukturen. Dein limitiertes Denken und dein beschränktes Leben haben dich wieder voll im Griff und du passt dich erneut unbewusst doppelt an.

Doch wenn du nichts und niemanden außerhalb von dir für dein Leben verantwortlich machen musst, brauchst du dich selbst nicht mehr sinnlos an etwas anzupassen. Es reicht ein kleiner Erfolg bzw. eine Situation, von der du hundertprozentig überzeugt bist, dass du das Erlebte vorher gedacht hast. Diese Erfahrungen kannst du dazu benutzen, dir zu verdeutlichen, dass Ausnahmen jede Regel auflösen. Du kannst mit der sogenannten Quadratur des Kreises aufhören und an deinen Überzeugungen arbeiten.

Sicher, ein Erfolg ist schnell wieder verdrängt, aber er ist ein Anfang, der dir eine Ahnung von Selbst-bestimmung geben kann. Ich könnte dir reihenweise von meinen persönlichen Erfahrungen erzählen und ein paar werde ich in diesem Buch auch erwähnen. Jedoch kann nicht eine einzige von ihnen deine persönliche Erfahrung ersetzen. Meine Erlebnisse zählen für dein Bewusstsein noch lange nicht. Sie werden zumindest unbewusst angezweifelt, denn sie sind für dich nicht beweisbar. Eine Theorie ohne Beweis ist unglaubwürdig. Es wäre allerdings grotesk, die naturwissenschaftlichen Beweise für die in diesem Buch beschriebenen Zusammenhänge zu ignorieren.

Im Gegensatz dazu könnte dich ein plötzlich wahr-genommener Erfolg regelrecht aus den Schuhen hauen. Es ist ein riesiger Unterschied, nur von der Wahrheit zu erfahren oder sie bewusst zu erleben. Du bemerkst im Moment, dass tatsächlich etwas dran ist. Du kannst mit deiner immer noch raumzeitlich interpretierten Macht nichts anfangen. Du kannst aber auch zunächst nicht zurück. Das kann ein sehr beklemmendes Gefühl sein, weil du noch voller gegenteiliger Überzeugungen steckst. Diese allein erzeugen dieses Gefühl, das dem deines Urtraumas schon ziemlich nahekommt. Es ist also die völlig absurde Überzeugung einer einzig existierenden

Raumzeit, die dir diesen Kummer bereitet. Leider verwechselt dein Bewusstsein das vollkommen und du traust dich zunächst nicht, durch das Gefühl der Angst durch-zugehen. Du unterliegst Gedanken, die dich aufhalten sollen, und ertappst dich selbst bei der Erklärung, dass das alles Unfug und dass das Erlebnis rein zufällig gewesen sei.

Dementsprechend erlebte ich als Jugendlicher Folgendes: Als Mitglied eines Vereins musste ich Beiträge bezahlen. Dazu wollten meine Eltern ein Abbuchungsverfahren verweigern. Ich sollte das Geld in bar bezahlen. Da ich jedoch als Einziger bar bezahlen sollte, ist mir das peinlich gewesen. Auf Anfrage sagte ich stets, meine Eltern würden per Überweisung bezahlen. Da dies aber nicht stimmte, hatte ich ein Problem. So stellte ich mir in meiner Verzweiflung vor, die Kontoauszüge über die Mitglieder, die über das Konto zahlen, seien verbrannt und man könne die Zahlung nicht nachvollziehen. Diese Vorstellung beruhigte mich so sehr, dass ich an ihr festhielt. Kurze Zeit darauf erfuhr ich durch ein

Mitglied, es habe im Büro einen Brand gegeben und dabei seien die betreffenden Karteikarten unkenntlich geworden (es gab damals noch keine PCs), so dass ich überhaupt keine Beiträge bezahlen musste. Auch meine Eltern bemerkten nicht, dass sie überhaupt keine Beiträge für mich bezahlen mussten. Ich fühlte mich gar nicht wohl bei dem Gedanken, dies könne alles mit meinen eigenen Überzeugungen zu tun gehabt haben. Deshalb beschloss ich, diesen Verein zu verlassen und das Erlebnis so schnell wie möglich zu vergessen.

Durch das Bewusstwerden, dass sich das Äußere entsprechend einer sich vorher gebildeten inneren Vorstellung angepasst hatte, bekam ich ein unheimliches Gefühl. Ich bemerkte einen Zusammen-hang zwischen meinen inneren Gedanken und dem, was sich in meiner äußeren Wahrnehmung abgespielt hatte. Dies entsprach nicht meiner bisherigen Annahme, dass ich mich an die Außenwelt anzupassen hätte. Dazu bekam ich Schuldgefühle für die Art des Wunsches und für das Wünschen selbst, denn ich unterlag durch das toxische Umfeld meiner Ursprungsfamilie der Überzeugung, nicht selbstverantwortlich und selbstbestimmt leben zu dürfen.

Diese plötzliche Bewusstheit der Fülle passte nicht mit dem mir bisher suggerierten Mangeldenken in meinem Bewusstsein zusammen und führte aufgrund dessen zu schlechten Gefühlen. Außerdem ist die Erfahrung, dass alles miteinander verbunden ist, nicht mit der Vorstellung vereinbar gewesen, ich würde in einer per se existierenden Welt leben.

Die bezugspersönlichen Überzeugungen meines Bewusstseins suggerierten mir diesbezüglich bis zu diesem Erlebnis eine latente Ohnmacht. Diese löste sich in diesem Moment auf. Ich erkannte, dass ich entscheide. Nur verstand ich es nicht und ich bin nicht in der Lage gewesen, diesen Umstand allein zu verarbeiten. Ich musste dieses Erlebnis aufgrund meiner bisher entwickelten Zwänge verdrängen.

Ich lernte erst viele Jahre später, diesen Teufelskreis zu durchbrechen. Ich sammelte Erkenntnisse aus den oben genannten naturwissenschaftlichen Zusammenhängen, probierte mit meinen neuen Erkenntnissen herum und entwickelte durch Erfolge den erforderlichen Mut zum Weitermachen. Ich sammelte Kenntnisse über psychologische Zusammenhänge, setzte mich mit den Suggestionen meiner frühkindlichen Bezugspersonen auseinander, erkannte eigene Störungen, Blockaden und Traumata und erfuhr eine zunehmende Stärkung meiner eigenen Persönlichkeit. Ich erkannte meine eigenen bezugspersönlichen, mich bestimmenden Dogmen und deren Herkunft und löste mich von meinen frühkindlichen Bezugspersonen.

Dies ist ein langer und schmerzhafter Prozess gewesen, aber dadurch löste ich mich mehr und mehr von der Fremdbestimmung durch andere. Ich erkannte die Unstimmigkeiten vermeintlich raumzeitlicher Zusammenhänge, löste mich langsam von der Idee einer einzigen relativen Raumzeit und entwickelte Stück für Stück selbstbestimmte Gedanken.

Entlarve das raumzeitliche Denken als kausales Begrenzungsdenken und befasse dich mit den wahren naturwissenschaftlichen Zusammenhängen.

Entlarve dein bezugspersönlich gefärbtes Denken als das pathologische Begrenzungsdenken, das es ist. Es beschert dir reichlich hektische, ängstliche, zögernde, abwartende, zurückhaltende, pessimistische, zaghafte, nachdenkliche und grübelnde Gedanken. Es mischt sich auf diese Weise in deine Denkprozesse ein, verfälscht oder bestimmt diese und verhindert erwünschte Ergebnisse.

Erkenne, welche Menschen, dich dazu verleiten, mit deren beschränkten Ideen zu denken, oder versuchen, dich äußerlich zu beeinflussen, zu beeindrucken oder einzuschüchtern.

Entwickle einen gesunden Egoismus, der sich nicht gegen andere richtet, sondern vielmehr für dich persönlich eintritt.

Erkenne das doppelte Anpassungssyndrom der materiellen und bezugspersönlichen Abhängigkeit. Baue deine raumzeitliche Abhängigkeit durch neue Über-zeugungen und durch Ausprobieren ab. Reduziere nach und nach deine innere bezugs-persönliche Abhängigkeit dadurch, dass du erkennst, dass nichts davon abhängt, ob andere etwas anerkennen oder nicht. Fokussiere dich auf selbst-bestimmte Vorstellungen statt auf fremdbestimmte Inhalte. Entwickle ein klares selbstständiges Denken. Mache dir klar, dass du dich in deiner eigenen sich laufend trans-formierenden Wahrnehmung befindest.

Probiere es aus, indem du gedanklich zwei subtile Schritte zurückgehst. Entziehe dich vollkommen jeglichem „das, was ist"-Denken und zusätzlich je-glichen bezugspersönlichen Zwängen. Spüre die damit verbundene Erleichterung und erfahre eine selbstbestimmte Vorstellung mit Bewegungen und/oder Geräuschen und fühle dich in sie hinein, bis du das Gefühl hast, sie tatsächlich zu erleben.

Glaube an keinen Wahrnehmungsinhalt (sogenannte weltliche Tatsachen), den du nicht glauben möchtest.

Sollte dir auffallen, dass in diesem Buch der Prozess der Entstehung deiner Wirklichkeit laufend von verschiedenen Perspektiven aus neu beleuchtet wird, dann liegt das ganz einfach daran, dass du in verschiedenen Entwicklungsphasen diesen eigentlich immer gleichen Vorgang unterschiedlich interpretierst. Je nachdem, wie es dein noch beeinflusstes Bewusstsein zulässt. Du kommst eben nur Stück für Stück auf den Olymp der Erkenntnis, weil du anfangs noch voller gegensätzlicher Überzeugungen steckst. Ein Kind hätte es ungleich einfacher. Ihm würde im übertragenen Sinne die Information reichen, dass alles von innen nach außen kommt.

Entwicklungsphasen von Kompetenz

- Die dir unbewusste Inkompetenz:
Du bildest dir ein, etwas zu können, obwohl du zu wenig darüber weißt.

- Die dir bewusste Inkompetenz:
Du weißt, dass du etwas nicht kannst, weil du zu wenig darüber weißt.

- Die unbewusste Kompetenz:
Du weißt, dass du etwas können wirst, weil du es lernst.

- Die bewusste Kompetenz:
Du kannst etwas, weil du es ausprobiert und verinnerlicht hast.

Exo- und esoterische Sichtweisen

Spüre, wie sich nach und nach deine Sichtweise der Dinge verändert und wie sich dein Denken von der exoterischen zur esoterischen Sichtweise entwickelt (in seiner wahren Bedeutung steht der Begriff Esoterik für das Prinzip, dass sich alles von innen nach außen entwickelt). Zunächst wanderst du in deiner Welt herum und kannst hinter dem Horizont ständig Neues, vorher Unsichtbares entdecken. Das gilt ausschließlich räumlich. Stelle dir eine Person in einem Computerspiel vor. Sie läuft und läuft und läuft und bleibt trotzdem immer in der Mitte des Bildschirms. Die Umgebung verändert sich laufend um diese Figur herum und es sieht aus, als laufe sie durch die Gegend. So ist es auch in deiner Wirklichkeit. Du gehst nicht irgendwohin, sondern deine Wahrnehmung inklusive deines Körpers transformiert sich laufend wie in einem Traum, in dem du ja auch nicht materiell vorhanden bist. Die Illusion, die durch die laufende Transformation entsteht, ist so perfekt, dass dein Bewusstsein eine

imaginäre Außenwelt außerhalb deines Horizonts
voraussetzt. Aber in Wahrheit ist dort jeweils Schluss.

Exoterische Sichtweise

Du hast eine Idee von einem großen unendlichen
Äußeren, in das dein Körper integriert zu sein scheint.
Deinem raumzeitlichen Verständnis ist ein
Transformationsprinzip nicht möglich. Deine bezugs-
persönlich motivierten Traumata sind in dein
Unbewusstes verdrängt worden und liegen dort
verborgen. Ein bezugspersönlicher Suggestions- und
Überzeugungsmechanismus ist dir nicht bekannt.
Deine bezugspersönliche Konditionierung bestimmt
dein bewusstes und unbewusstes Denken. Der Fokus
deiner Aufmerksamkeit liegt auf deiner äußeren
Wahrnehmung. Du bist gemäß bezugspersönlicher
Vorgaben auf Personen fixiert. Du unterliegst dem
Fokus auf dem anderen. Das Trauma der Geburt liegt
ebenfalls tief verdrängt im Unbewussten verborgen.
Gute Gefühle empfindest du hauptsächlich in Form
von Erleichterung in Verbindung mit deiner fremd-

bestimmten Interpretation der Wahrnehmung. Deine Erfahrungen interpretierst du raumzeitlich erfolgsbezogen. Du lebst in deiner dir unbewussten Inkompetenz.

Wechsel der Sichtweise

Du hast die Idee eines Äußeren und ein darin integriertes Inneres, das vom Äußeren bestimmt wird. Das Prinzip der Transformation wird raumzeitlich definiert. Dein bezugspersönlicher Suggestions- und Überzeugungsmechanismus ist dir bekannt und deine selbstbestimmten Überzeugungen beginnen sich zu bilden. Deine bezugspersönliche Konditionierung beeinflusst das Denken weiterhin sehr stark. Der Fokus deiner Aufmerksamkeit liegt auf deiner äußeren Wahrnehmung. Du bist gemäß deinen bezugs-persönlichen Vorgaben immer noch stark auf Personen fixiert und schwach auf dich selbst. Deine bezugs-persönlich motivierten Traumata sind dir bekannt, aber noch nicht gelöst. Das Trauma der Geburt bleibt verborgen und verdrängt. Gute Gefühle erhältst du in Verbindung mit fremdbestimmten Interpretationen deiner Wahrnehmung und äußerlich wahrgenommenen Erfolgen des Prinzips der Transformation. Erfahrungen werden primär raumzeitlich interpretiert und nur zaghaft dem Prinzip der Transformation zugeschrieben. Du lebst in deiner dir bewussten Inkompetenz.

Auflösung der alten Sichtweise

Du hast die Idee eines Inneren und davon abhängigen Äußeren. Dein raumzeitliches Empfinden wird nach dem Prinzip der Transformation definiert. Es haben sich selbstbestimmte Überzeugungen gebildet. Dein persönlicher Suggestions- und Überzeugungs- mechanismus ist gelöst. Deine bezugspersönlich motivierten Traumata sind gelöst. Bezugspersönliche Konditionierung beeinflusst dein Denken nur noch sekundär. Der Fokus deiner Aufmerksamkeit liegt auf deiner inneren Wahrnehmung. Du bist nur noch schwach auf Personen fixiert und stark auf dich selbst. Der Fokus auf deinem Selbst ist stärker als der auf dem anderen. Das Trauma der Geburt ist dir bekannt, aber noch nicht gelöst. Du erhältst Gefühle durch Gedanken, die sich gut anfühlen und durch äußeren Erfolg aufgrund selbstbestimmter Vorstellungen. Deine Wahrnehmung wird nach dem Prinzip der Transformation interpretiert und nur noch sekundär raumzeitlich. Du lebst in deiner dir unbewussten Kompetenz.

Esoterische Sichtweise

Du hast eine Idee von einem großen immerwährenden „Inneren", in das dein individuelles „Äußeres" integriert ist. Deinem Verständnis des Prinzips der Transformation ist ein raumzeitliches Konzept nicht mehr möglich. Du hast selbstbestimmte Überzeugungen. Deine individuellen Suggestionen und Überzeugungen bestimmen dein Denken. Der Fokus deiner Aufmerksamkeit liegt auf deiner inneren Wahrnehmung (aufgrund des echten inneren Fokus ergibt sich jede kontraproduktive Grübelei, weil du bezugs-persönlich bzw. raumzeitlich kausal motiviertes Denken sofort erkennst). Du bist auf dich selbst fixiert und lebst mit dem Fokus auf deinem Selbst. (Damit ist eine Art gesunder Egoismus gemeint, der dein Denken selbstbestimmt differenziert, statt es egozentrisch zu fokussieren.) Dein Trauma der Geburt ist gelöst. Du verstehst das Prinzip des reinen Bewusstseins. Gute Gefühle erhältst du in Verbindung mit klaren selbst-bestimmten Gedanken und Vorstellungen. Deine Erfahrungen werden nach dem Prinzip der Transformation interpretiert. Du lebst in deiner dir bewussten Kompetenz.

Die Prozedur

Du weißt jetzt (zumindest intellektuell), dass deine eigene Schwingung dafür verantwortlich ist, was du täglich erlebst, egal wie absurd dir das noch vor-kommen mag. Das bedeutet im Klartext, dass das, was du im Moment erlebst, und das, von dem du überzeugt bist, was momentan außerdem noch existiert, und auch das, von dem du überzeugt bist, es bereits erlebt zu haben, und das, was deiner Meinung nach sonst so gewesen sei, alles Entsprechungen der Schwingungen sind, die dein eigenes Bewusstsein aussendet oder ausgesendet hat.

Wenn du denn so mutig oder neugierig geworden bist und dich über deine Angst hinwegsetzt und tatsächlich ausprobierst, dann brauchst du nichts Weiteres zu tun, als du dein ganzes Leben schon getan hast, nur dass du es nun bewusst tust. Ganz nach dem Prinzip der Kompetenz. Mache dir klar, dass deine bewussten Vorstellungen mit deinem gigantischen „das, was ist"-Denken konkurrieren. Dieses Denken beinhaltet das, was momentan ist, was gewesen ist, was es meint, das sein würde, was überhaupt jemals gewesen ist und sein würde und jedwede vermeintlichen kausalen Zusammenhänge sowie das gesamte Spektrum des raumzeitlichen Denkens und alle bezugspersönlichen Vorgaben inklusive all deiner gespeicherten Traumata. Dieses fremdbestimmte Denken bringt dementsprechend fremdbestimmte Vorstellungen hervor, die dermaßen überzeugend sind, dass sie dominant über allen anderen stehen. Sie sind maßgebend für die laufende Transformation deiner Wahrnehmung. Das ist der eigentliche Grund, warum sich das Leben so rau und angsteinflößend anfühlt.

Du musst also einen Weg finden, mit deinen dir bewussten Vorstellungen ebenso umzugehen wie bisher mit deiner dir bewussten äußeren Wahrnehmung und dem „das, was ist"-Denken. Deine dir bewussten Vorstellungen und dein bisheriges „das, was ist"-Denken müssen die Plätze tauschen. Das lässt sich dein bezugspersönlich und raumzeitlich denkendes Bewusstsein nicht so einfach gefallen. Dem bezugspersönlichen Bewusstsein zu trotzen, ist so, als ob man alle inneren Widerstände auf einmal überwinden müsste.

Zunächst ist es von ungeheurem Vorteil, wenn du dich entspannst und dich in einer ruhigen und reizarmen Umgebung einfach fallen lässt. Denn ebenso wie bei einer Hypnosesitzung nach der anderen wurde dein Bewusstsein bisher regelmäßig autosuggestiv manipuliert. Es braucht nun viel Ruhe. Auf diese Weise verhinderst du die enormen Widerstände deines bezugs-persönlichen Denkmechanismus.

Gehe ganz in eine beliebige Vorstellung hinein und verfahre dann wie bei der Auflösung eines Traumas. Nimm das Gefühl ganz auf und lasse jegliches intellektuelle Denken sein. Bleibe mutig in deiner Vor-stellung oder in deren Gefühl, bis es quasi buchstäblich nach unten durchrutscht und sich in ein wohliges Bauchgefühl verwandelt (im Solarplexus). Genieße die Entspannung, solange du willst, und kehre dann langsam wieder zur Wahrnehmung deiner momentanen Umgebung zurück (der Schweizer Arzt Emile Coué hat diese Technik mit vielen seiner Patienten in Form von autosuggestiver Arbeit mit Erfolg durch-geführt und darüber publiziert). Nun lass die Vorstellung einfach los und lass dich überraschen.

Versuche nicht, etwas im Äußeren zu verändern, sondern lass es einfach geschehen, indem du über-haupt nicht darüber nachdenkst, wie es geschieht, sonst mischt sich wieder dein bezugspersönliches Zwangsdenken ein und macht alles zunichte. Es wird geschehen, du brauchst es nur zuzulassen. Hier sei angemerkt, dass Änderungen am besten geschehen, wenn du dir klarmachst, dass es sich um Überzeugungen handelt, die zu bestimmten vermeintlichen Tatsachen geführt haben. Nun geht es darum, diese Überzeugungen loszulassen. Erst wenn diese abgelöst wurden, kannst du neue zulassen. Ansonsten müsstest du ständig gegen sie ankämpfen, ohne jegliche Chance auf Erfolg.

Deine bezugspersönlichen Überzeugungen haben bislang genau dieses Spiel mit dir gespielt. Was du raumzeitlich erfahren hast, ist das, woran du geglaubt hast. Und das, was du geglaubt hast, ist das, was du glauben solltest. Das, von dem du denkst, dass es außerhalb deiner Wahrnehmung existiert, ist das, woran du glaubst. Es „existiert" immer gerade das, woran du glaubst, dass es ist. Raumzeitlich betrachtet kann sogar immer nur das existieren, was du jetzt in diesem Augenblick gerade wahrnimmst.

Vergangene Tatsachen existieren nicht mehr.

Gegenwärtige Tatsachen sind nicht beständig.

Bereits jetzt zukünftig allgemein feststehende Tatsachen existieren nicht.

Tatsachen „zählen" nicht, so wie auch das, was im Spiegelbild zu sehen ist, keine echte Realität ist.

Etwas korrigieren zu wollen, was ausschließlich imaginär existiert, ist sinnlos, denn es existiert real überhaupt nicht. Du brauchst nur aufzuhören zu glauben, dass es etwas geben würde (ob nun real innerhalb oder imaginär außerhalb der momentanen Wahrnehmung), das zu korrigieren sei. Das wäre in etwa so, als würdest du versuchen, etwas innerhalb deines jetzigen Spiegelbildes oder etwas, was momentan nicht in deinem Spiegelbild vorhanden ist, zu korrigieren. Es wäre tatsächlich so, als wolltest du in dein Spiegelbild hineintreten, um in dieser imaginären Welt etwas zu verändern, was du irgendwann mal dort gesehen hast oder vielleicht aufgrund kausaler Überzeugungen dort nur vermutest.

Du kämpfst dann nicht nur gegen die sprichwörtlichen Windmühlen, sondern du kratzt lediglich auf der Spiegeloberfläche herum. Dabei brauchst du nur vor dem Spiegel zu zeigen, was du gerne in ihm hättest. Also nimm doch das Bild weg, das vor dem Spiegel steht, und ersetze es mit einem selbstbestimmten eigenen. Du kämmst dir deine Haare auch nicht, indem du den Kamm auf dem Spiegelglas hin und her kratzt.

Beschäftige dich mit deinen eigenen Vorstellungen statt mit dem sogenannten Äußeren, denn dein Inneres erhält laufend Updates über den Gegenstand deiner momentanen Aufmerksamkeit.

Du lebst sogenanntes Äußeres erst, wenn es eine entsprechende innere Vorlage gibt.

Du solltest lernen, deine Gefühle als Feedback-mechanismus wahrzunehmen.

Du solltest erkennen, dass immer gleiche Gedanken und Überzeugungen zu ständigen Wiederholungs-schleifen deiner laufenden Wahrnehmung führen.

Stoppe den Mechanismus, der bereits Vergangenes von dir ungewollt auf deine Gegenwart projiziert, und lasse deine bezugspersönlichen Überzeugungen kein fremdbestimmtes „das, was ist" mehr produzieren.

Eigene Erfahrungen

Ein Besuch in einer Arztpraxis

Mein Wunsch: Ich möchte gleich ins Behandlungs-zimmer geschickt werden, ohne im Wartezimmer sitzen zu müssen.

Meine Vorstellung: Ich sitze im Behandlungszimmer.

Ich betrete die Praxis und warte höflich an der Rezeption, bis ich angesprochen werde. Ich reiche meine Karte und beginne mit einem Gespräch über das Wetter. Ganz beiläufig sagt die Dame, ich könne gleich ins Behandlungszimmer gehen.

Hätte ich stattdessen gesagt, ich wollte doch bitte gleich ins Behandlungszimmer gelassen werden, hätte ich Widerstände erzeugt. Vermutlich hätte ich dann lange im Wartezimmer bleiben müssen.

Wenn du also etwas willst, dann erzeugst du Widerstände. Etwas zu wollen, bedeutet zu glauben, es nicht zu haben. Dieser Glaube ist eine Manifestation im Bewusstsein. Diese hat dann genug Energie zur Verwirklichung. Bist du nicht auf Altes fixiert, stehst du der Verwirklichung von Neuem nicht im Weg. Statt dir ständig Gedanken zu machen über das, was du ändern willst (Problem), solltest du dich von der Überzeugung lösen, die dieses erzeugt hat.

Ein besonderer Stein

Ich stellte mir vor, während eines Spaziergangs einen Stein mit einem Loch in der Mitte zu finden. Dieses Loch sollte eine Herzform haben. Als Besonderheit dachte ich mir aus, dass ich als Zeichen dafür, dass ich den Stein gleich finden würde, eine weiße Feder vor meinen Füßen liegen sehe. Ich fand also auf meinem Spaziergang eine weiße Feder und unmittelbar danach einen Stein mit einem Loch in der Mitte. Ich hob den Stein auf und sagte zu mir selbst, während ich ihn langsam auf die andere Seite drehte: „Das Loch hat ja gar keine Herzform." Und dann sah ich, dass das Loch auf der anderen Seite tatsächlich doch eine Herzform hatte.

Ein besonderes Lied

Ich stellte mir ein Lied vor, welches das erste sein sollte, das ich an diesem Tag hören würde. Es gelang, aus einem vorbeifahrenden Auto hörte ich genau diese Musik. Um den Gedanken des Zufalls zu zerstreuen, wiederholte ich am folgenden Tag diese Vorstellung mit einem anderen Musiktitel. Auch dieses Mal ist dieses Lied das erste gewesen, das ich an diesem Tag hörte. Um weitere Gedanken der Zweifel zu zerstreuen, dachte ich mir speziellere Erfahrungen aus. Einmal hatte ich die Vorstellung, dass jemand in meiner Umgebung ein bestimmtes sehr seltenes Lied singen würde. Ein paar Tage später ging ich auf einem Fest zu einem Stand. Das gesellte sich jemand dazu, der beim Warten genau dieses Lied sang. Ich wiederholte dieses Experiment in ähnlicher Form noch öfter. Es gelang jedes Mal.

Busfahrplan

Als ich einmal eine Zeitlang kein Auto zur Verfügung hatte, fuhr ich mit Linienbussen. Durch einen engen Fahrplan hatte ich bei Verspätungen manchmal Schwierigkeiten, einen Anschlussbus zu bekommen. Ich dachte jeweils immer nur, hoffentlich bekomme ich den Bus. Nach wenigen Tagen hörte ich ein Gespräch zweier Busfahrer. Sie unterhielten sich darüber, dass der Fahrplan sich völlig überraschend geändert hätte. Ich erfuhr, dass diese Änderung beinhaltete, dass ich meinen Anschluss nun viel leichter erreichen konnte.

Du musst dringend deine eigenen Erfahrungen machen. Selbst diese erzeugen anfangs noch Widerstände in deinem Bewusstsein. Also können meine eigenen Erfahrungen dir kaum als Beweise dienen. Das „Verrückte" an diesem Buch sind aber auch nicht seine scheinbar irrationalen und dem sogenannten gesunden Menschenverstand zuwiderlaufenden Behauptungen, sondern es ist die rationale Beweisbarkeit ebendieser, gepaart mit der Möglichkeit, das Prinzip der Transformation deiner Wahrnehmung an deinen eigenen Vorstellungen bewusst ausprobieren und erleben zu können.

Eine kleine Zusammenfassung

Die in diesem Vortrag beschriebene Wahrheit beruht auf naturwissenschaftlich und empirisch belegbaren Beobachtungen und ist rational logisch nachvollziehbar.

Die Entropie (jeder Augenblick setzt sich im Moment zusammen) ist der Beweis, dass Kausalität eine Illusion ist, die durch das laufende Daumenkino deiner sich ständig anpassenden Wahrnehmung entsteht.

Dein unbewusstes Verständnis für einen existierenden Raum hat seinen Ursprung in deiner ersten Außen-wahrnehmung.

Solange du versuchst, dich deiner Außenwelt anzupassen, stehst du dem Verständnis im Weg, dass sie sich deinen inneren Gedanken anpasst. Das tut sie von allein. Wenn du das verstehst, kannst du dir deine Erfahrungen selbst aussuchen.

Deine Außenwelt enthält keinen beurteilenden Beobachter. Sie ist nicht eigenständig existent. Sie ist dein Resonanzspiegel. Du brauchst einem Spiegel nicht zu sagen, was er zu tun hat. Du brauchst ihm weder zu helfen noch ihm zu gehorchen. Weder dein Wahrnehmungsspiegel noch der Inhalt seiner Abbildungen sind für seine fortlaufenden Bilder verantwortlich. Das sind deine inneren Überzeugungen. Du brauchst dich also nur auf das zu konzentrieren, was du vor dem Spiegel machst. Und das ist dein Denken.

Stehen die Überzeugungen deines bezugspersönlichen Bewusstseins dem Verständnis und/oder der Akzeptanz für diese Zusammenhänge im Weg, scheint es sinnvoll zu sein, die Entstehung deiner bezugspersönlichen Überzeugungen zu verstehen, um deine Grundsuggestionen aufgeben und die Überzeugung der Abhängigkeit ablegen zu können.

Ordnest du deine Gedanken bzw. Überzeugungen den dazugehörigen Gefühlen zu, erkennst du, welche du gegebenenfalls ändern, aufgeben oder ersetzen solltest.

Deine Versuche, Leere zu füllen, sind Versuche, die unbefriedigende Lethargie auszugleichen, die durch deine bezugspersönlichen Überzeugungen entsteht, während diese deine selbstbestimmten Impulse blockieren.

Schenke deine Aufmerksamkeit inneren Vorstellungen, die sich gut anfühlen.

Die Materie, die du wahrnimmst, findet ihren Urprung in deinem eigenen Bewusstsein.

Es gibt niemanden, den du ohne dessen Zustimmung beeinflussen könntest, und es gibt niemanden, der dich selbst ohne deine Zustimmung beeinflussen könnte.

Es ist nicht möglich, die Außenwelt zu beeinflussen. Sie ist ein Spiegel und ein Spiegel selbst ist nicht beeinflussbar. Du kannst die Dinge vor dem Spiegel beeinflussen, so wie du deine inneren Gedanken denken kannst. Du kannst mit deinem Spiegel nicht kommunizieren. Du kannst ausschließlich mit deinem bzw. über dein Inneres kommunizieren. Du sprichst also beim selbstbestimmten Visualisieren deiner Vorstellung nicht die Außenwelt, sondern dein Inneres an.

Dein Inneres kann zwischen der äußeren und der inneren Wahrnehmung nicht unterscheiden. Deine Wahrnehmung passt sich dem an, dem du überwiegend deine Aufmerksamkeit schenkst.

Achte genau darauf, was dir in deinem Bewusstsein ständig laufend suggeriert wird. Denn das bezugspersönliche Bewusstsein ist daran interessiert, dich von jeglicher Erkenntnis fernzuhalten. So können in deinem eigenen Bewusstsein Stimmen und Meinungen auftauchen, die nicht die deinen sind und dich mundtot machen wollen. Zudem haben diese

Äußerungen, Meinungen und Überzeugungen den Zweck, dir deinen Geist zu vergiften. Ein vergifteter Geist erzeugt eine dementsprechende Wahrnehmung.

Das bezugspersönliche Bewusstsein ist bestrebt, dir jegliche Schuld für jegliche negative Wahrnehmung zuzuschieben. Jede Negativität kommt aber von ebendiesem dich verurteilenden Bewusstsein und nicht von deinem wahren Selbst. Es ist eine Art kollektiver Widerstand gegen die Wahrheit. Du kannst dich jedoch beschützen, indem du dich immer weiter von deinen bezugspersönlichen Überzeugungen löst. Durch die Auflösung deiner Traumata und deiner Konditionierung steht dir dieser Weg frei.

Hüte dich vor Menschen, die bezugspersönlich denken, dich negativ beeinflussen und dir deine Energie rauben wollen. Sie verneinen jegliche Erkenntnis der Wahrheit und agieren als Handlanger der kollektiven Bewusstseins-Blockade. Sie versuchen dich kleinzuhalten, indem sie dir deine eigene Wahrnehmung absprechen: „Das siehst du alles falsch."

Genauso wie dein bezugspersönliches Bewusstsein es tut, versuchen sie dich mit Schuldzuweisungen oder Drohungen zu erpressen.

Da dein Körper auch zur Illusion der Außenwelt gehört, ist auch sein Zustand ständig veränderbar. Gesund zu sein ist dein Urzustand. Du brauchst Gesundheit nicht zu erlangen, sondern sie nur zuzulassen. Du brauchst also nichts Erwünschtes zu erreichen, sondern es nur zulassen.

Wenn du dich von dem Einfluss anderer befreit hast, brauchst du dich nicht mehr sinnlos an etwas anzupassen.

Da das, was du wahrnimmst, von deinem Denken bestimmt wird, suchst du dir deine inneren Gedanken besser selbst aus, statt sie deinem bezugspersönlichen Bewusstsein zu überlassen. Du brauchst nur deinen bezugspersönlichen Überzeugungen nicht mehr zuzuhören. Ebenso wie du es toxischen Menschen gegenüber innerlich sagen kannst, sage auch über dein bezugspersönliches Bewusstsein, dass du es nicht ernst nimmst. Und ebenso wie toxische Menschen es sind, ist auch dieses Bewusstsein von dir abhängig.

Wenn du ein empathischer Mensch bist, bist du auch mit der wahren Quelle verbunden. Du kannst dich entspannen und dich in deine Mitte sinken lassen. So spürst du die Energie und kannst sie fließen lassen.

Dein Geist ist nicht Bestandteil einer realen Welt. Deine Wahrnehmung ist Bestandteil deines Geistes.

Nichts wird dir gelingen, wenn du etwas von anderen abhängig machst. Etwas zu wollen ist Festhalten an alten Situationen. Wollen oder auch sehnsüchtig sein ist die Bewusstheit der Abwesenheit von etwas. Eine selbstbestimmte Vorstellung, die zu einer Überzeugung reift, ist die Anwesenheit von etwas.

Übe dich immer wieder im Loslassen von alten Überzeugungen, von alten Suggestionen, von sogenannten Tatsachen oder wovon du willst. Denn alles, was du

loslässt und das keine Energie erhält, muss sich auflösen. Die sogenannte Wirklichkeit transformiert sich
aus dem Inneren heraus.

Probiere dieses Prinzip mit kleinen Dingen aus:

- Eine Idee haben
Wie soll deine Erfahrung sein?

- Dich von der alten Situation abwenden
Von nichts und niemandem etwas wollen. Dich von
dem lösen, was bisher gewesen ist.

- Vorstellen (Visualisieren oder Worte)
Allein für dich. Die Vorstellung beinhaltet, dass sich
deine Wahrnehmung schon angepasst hat. Sie geht bis
zum Bauchgefühl.

- Vertrauen
Das Neue zulassen, sich entwickeln lassen, es mutig
sich selbst überlassen und es in Ruhe lassen.

Vertraue auf das Prinzip der Transformation mit der Überzeugung, dass sich deine Wahrnehmung immer von innen heraus entwickelt. Glaube an die Möglichkeit, dass das Prinzip der Transformation tatsächlich deine Wahrnehmung formt.

Stelle dich in den Mittelpunkt deiner Vorstellung und erfahre sie, als sei sie real. Höre, sehe und fühle sie, als würdest du sie in diesem Moment erleben. Wenn möglich, entspanne dich und lass dich tief in die Mitte sinken.

Tief in deinem Inneren, wo die Gefühle erzeugt werden, findet die Transformations-Übertragung statt, die von den Strings in eine holografische Schwingung umgesetzt werden. Es ist eine Kette von Informationsübertragungen. Die Informationsenergie wird mehrfach übersetzt, bis sie schließlich als Wahrnehmung zu erfahren ist. Du bist nur bis zum Versinken deiner Vorstellung im Unbewussten zuständig – innen transformiert und außen projiziert.

Deine Wahrnehmung wird niemals von selbst irgendetwas bewerkstelligen und es gibt auch sonst keinen Automatismus, der dir eine gute Wahrnehmung garantiert. Du musst darauf achten lernen, was in deinem Bewusstsein los ist. Wechsel deine Perspektive und konzentriere dich allein auf dein Inneres. Du brauchst nicht auf das Äußere zu achten. Es passt sich von allein an. Bedenke: Es fragt leider auch nie, an wen oder was es sich anpasst.

Etwas ist nur dann eine Hürde, wenn du es zu einer machst, nämlich dadurch, dass du es als solche betrachtest. Du brauchst nicht die vermeintliche Hürde zu meistern, sondern du musst die Überzeugung überwinden. Hast du das erst einmal geschafft, kommt dir das ehemalige Hindernis lächerlich vor.

Du kommst immer ausschließlich dorthin, wo du gedanklich bist. Also brauchst du gedanklich immer nur dort zu sein, wo du hinmöchtest.

Was im Inneren nicht existiert, kann im Äußeren nicht sein.

Wenn du durch Gefühle des Widerstands gehen musst, wird dir das Wissen, das dir in diesem Vortrag präsentiert wird, beim Durchhalten helfen. Wenn sich ein wohliges Gefühl in deinem Körper ausbreitet, ist es dir bereits gelungen, dich auf den Weg zu bringen.

Das klingt alles völlig unmöglich, solange du dich von deinem bezugspersönlichen Bewusstsein oder toxischen Menschen beeinflussen lässt. Die naturwissenschaftlichen Gesetze (Entropie), Experimente (Doppelspaltexperiment/Zwei-Punkte-Symmetrie) und die Quantheorie (relative Unschärfe) lassen keinen Zweifel übrig: Deine Wahrnehmung passt sich laufend in Form von Gedanken und Überzeugungen deiner Schwingung an.

Materielle Fülle

Jetzt könnte dir der Gedanke kommen, dass du dir ja nur einen satten Lottogewinn oder gleich ein volles Bankkonto vorzustellen bräuchtest und du hättest ausgesorgt. Du vergisst dann aber, dass es außerhalb von dir nichts und niemanden gibt, das oder der deine inneren Gedanken denken und deine Gefühle fühlen kann. Außer dir selbst gibt es also niemanden, der deine Wahrnehmung beeinflussen könnte (es sei denn, du spendest deine Aufmerksamkeit toxischen Menschen).

Beispielsweise Geld mit einer Lotterie gewinnen zu wollen, ist der Ausdruck, dass du etwas brauchst und dass du auf etwas Äußeres angewiesen bist, das wiederum etwas anderes Äußeres beeinflussen kann. Wie schon beschrieben, kann innerhalb deiner Wahrnehmung nichts miteinander wechselwirken (Kausalität ist eine Illusion). Also brauchst du zum Beispiel kein Geld, um deine Existenz zu sichern. Das Einzige, was du brauchst, ist die Erkenntnis der

Wahrheit und die damit verbundene Überzeugung von Fülle.

Tatsächlich kannst du auch nichts anderes tun, als zu denken und zu fühlen, denn dein alltägliches Erleben ist nur die Illusion von Realität. Es ist eine sich laufend transformierende Wahrnehmung. Nun hast du aber deine Traumata nicht gelöst und denkst dir, auch so Vorstellungen haben und deren Ergebnisse genießen zu können. Das wird dir nicht gelingen, denn die Grundschwingung deines bezugspersönlichen Bewusstseins und die Schwingungen deiner im Unbewussten arbeitenden Traumata vergiften laufend deinen Geist. So hast du es laufend mit körperlichen Symptomen und fremdbestimmter Transformation deiner Wahrnehmung zu tun. Jegliches Streben nach Fülle wird so im Keim erstickt. Du fängst an zu glauben, dass dies dein Schicksal sei und du nicht nur schuld an diesem Zustand seist, sondern es auch nicht anders verdient hättest. Das ist das, was dein bezugs-persönliches Bewusstsein für dich vorgesehen hat.

Monströse Zwangsvorstellungen von Fülle resultieren aus dieser von Mangel durchdrungenen Gedankenstruktur.

Es geht niemals um irgendetwas Materielles selbst oder um spezielle Erfahrungen, sondern immer nur um das Gefühl in deinem Inneren. Jedes darauffolgende Erlebnis ist so kurzlebig wie eine Achterbahnfahrt. Wenn du der Illusion erliegst, dass nur die Erlebnisse selbst erstrebenswert seien, weil du dich nur dann gut fühlen könntest, machst du dich abhängig von ihnen, erlebst eine nach der anderen und bist trotzdem nie richtig befriedigt. Mehr noch würde dir dein Leben immer eintöniger und langweiliger erscheinen. Deine Erlebnisse müssten inflationär intensiver werden, damit du die Leere nicht bemerkst, die mangels selbstbestimmter Gedanken und dem Aus-bleiben entsprechender Gefühle besteht. Das Leben ist eben nicht das, von dem du bisher gedacht hast, dass es das sei. Aufgrund dieser Feststellung ergeben sich andere Prioritäten. Die Voraussetzungen, von denen du bisher ausgegangen bist, existieren nicht.

Egal wohin du auch gehst, es wird immer alles deiner inneren Schwingung entsprechen. Solange sich diese Wahrheit nicht gut anfühlt, arbeitet dein Ur-Trauma und wartet darauf, gelöst zu werden. Dies ist dir intellektuell nicht möglich. Vielmehr geht es darum, das Gefühl aufzulösen, das mit der Angst vor dem Nichtsein verbunden ist, indem du dich traust, die Überzeugung der absoluten Existenz von Raum und Zeit auf-zugeben und durch das dann aufkommende angsterfüllte Gefühl durchzugehen.

Was sich da nicht gut anfühlt, ist die Vorstellung von unendlichen Möglichkeiten in einem trotzdem endlichen und einzigen Leben. Die Überzeugung dieses einzigen endlichen Lebens verdankst du dem Nichterinnern deines vorgeburtlichen Bewusstseinszustands. Wird dir die ewige Existenz deines Geistes klar, fühlt sich das schon ganz anders an. Du beginnst damit, selbst zu entscheiden, welchen

Impulsen du folgen und Energie geben möchtest. Energie spendest du einzig und allein durch deine Aufmerksamkeit. Du übernimmst mehr und mehr Verantwortung für dich und dein Leben und kommst der Lösung deiner Urängste immer näher.

Philosophische Entsprechungen

Der griechische Philosoph Platon vertrat vor zirka 2.500 Jahren das duale Modell der Ideenwelt und der sinnlichen Welt. Die Ideenwelt enthielt das eigentlich Seiende, welches das Wesentliche und formgebende der sinnlichen Wahrnehmung sei. Diese wiederum sei nur das Abbild der Ideenwelt.

Das allen Dingen gemeinsam Zugrundeliegende ließe den selbstbestimmt denkenden Beobachter auf die Existenz der Ideenwelt schließen. Diese sei im Gegensatz zu der vergänglichen Sinneswelt absolut unvergänglich und zeitunabhängig. Das Wissen über etwas Seiendes setze das Verständnis der zugrunde liegen-den Idee voraus.

Die Sortierung von Phänomenen in gedankliche Schubladen sei ein menschliches Bedürfnis. Dagegen stünde ein einziges Sein hinter den Dingen.

Mathematische und physikalische Grundlagen seien nicht einfach per se existent und taugten auch nicht zur Beschreibung der Wahrheit, sondern die zugrunde liegenden Ideen seien verantwortlich dafür, dass etwas so sei, wie es erschiene. Mit Idee ist die innere Vorstellung gemeint, deren Wesen dauerhaft im dazugehörigen äußeren Objekt anwesend sei.

Die Seele sei unsterblich und existiere vor, während und nach dem Leben. Sie fungiere als vermittelnde Stelle zwischen den Welten und sei durch das Denken verantwortlich für die Wahrnehmung. Verbunden mit dem Körper gelange die Seele durch Lust- und Schmerzempfindungen zur Weisheit. Der Tod sei ein sinnvolles Ereignis in der Mitte dieses Ablaufs, denn die Seele könne so reflektierend auf die körperliche Erfahrung zurückblicken. Die individuelle Seele und der Kosmos und alles darin Enthaltene seien Teil einer übereinstimmenden Gesamtseele, die mit der Ideenwelt korrespondiert. Das emanzipierte Denken differenziere sich von der Sinneswahrnehmung, da diese nicht zum Verständnis der Wahrheit tauge.

Die Mythologie der australischen Aborigines handelt von einer immerwährenden sogenannten Traumzeit außerhalb von Raum und Zeit, die der Ursprung alles gegenwärtig Existierenden sei. Das gegenwärtig Seiende hätte demnach sein jeweiliges Gegenstück in der Traumzeit, welches die wahre Realität sei.

Die spirituelle Darstellung der Regenbogenschlange steht für die Einheit von Geist und Materie als gemeinsames Ganzes der Traumzeit und der momentan wahrgenommenen Gegenwart. Alle Erfahrungen und Erlebnisse der diesseitigen Welt würden in die Traumzeit integriert werden, damit diese sich fortwährend entwickeln könne. Diese Philosophie ist mindestens 40.000 Jahre alt.

Diese Ansichten sind den in diesem Buch dargestellten Zusammenhängen verblüffend ähnlich. Sie finden Entsprechungen in dem Prinzip einer von innen herrührenden Transformation der laufenden gegenwärtigen Wahrnehmung und in der Annahme eines dauerhaft existierenden Geistes, dessen fragmentierter jeweiliger individueller Bewusstseins-charakter die individuelle äußere Wahrnehmung bestimmt. Auch hier verdrängt die Idee eines außer-halb von Raum und Zeit existierenden Geistes die einer isoliert bestehenden unendlichen Raumzeit.

-5-

Abschließende Betrachtungen

Jemand sagte zu mir, ich würde mich deshalb mit diesem Thema beschäftigen, weil ich so meinen eigenen und den damit verbundenen alltäglichen Problemen aus dem Weg gehen wolle. Ich sollte doch lieber meine persönlichen Probleme lösen und so leben wie alle anderen.

Es ist eben umgekehrt. Alltagsdenken und bezugspersönliche Überzeugungen erfüllen den Zweck, die Wahrheit vom wachen Bewusstsein aus oben genannten Gründen fernzuhalten.

Die Lösung, von welchen Problemen auch immer, ist ohne das Verständnis des Prinzips der Transformation nicht möglich. Dies ist deshalb so, weil jedes unbewusste Programm in deinem Bewusstsein eine ihm entsprechende Wirklichkeit erzeugt. Und diese lenkt dich dann wiederum von der Wahrheit ab.

Von einem Geist aus betrachtet, der außerhalb von Raum und Zeit existiert, gibt es weder Vergangenheit noch Zukunft. Es gibt nur das Jetzt. Und dieses Jetzt ist noch nicht einmal räumlich geprägt. Es ist der Geist, der ist. Der Raum, den du täglich wahrnimmst, ist tatsächlich dein Wahrnehmungsbewusstsein und alles in ihm ist Äquivalent deiner laufenden Schwingung.

Deine Wahrnehmung von Zeit ist tatsächlich eine laufende String-Abbildung. Diese ist nicht zwingend kausal, also weder räumlich noch zeitlich abhängig. Zeit ist die Illusion der Bewegung, die tatsächlich eine Beobachtung von ständigen Veränderungen ist, welche sich wiederum nicht materiell linear vollziehen, sondern sich durch String-Abbildung für String-Abbildung ergeben. Einzelne String-Abbilder sind wie die einzelnen Blätter eines Daumenkinos und die Strings selbst bedingen sich gegenseitig nicht, so wie die Pixel auf einem Bildschirm sich auch nicht bedingen.

Trainiere deine Geisteshaltung, so dass Vergangenes nicht mehr permanent deine laufende Gegenwart bestimmt. Übe loszulassen, indem du schädliche

Überzeugungen ignorierst und sie sich auflösen lässt. Lass es einfach sein, dich mit ihnen zu beschäftigen. Probiere aus, wie es sich anfühlt, wenn du etwas zulässt, indem du selbstbestimmte Vorstellungen zu Überzeugungen werden lässt. Betreibe ein bewusstes inneres Energiemanagement und verteile deine Aufmerksamkeit selbstbestimmt.

Verbeiß dich dabei nicht, sondern probiere herum und halte in Ruhe einfach nur inne, sooft es dir möglich ist. Überfordere dich nicht, sondern berücksichtige die hier beschriebene Entwicklung von Kompetenz.

Skizzierung der Wahrheit

Geist, der einzig existiert. Geist, der einzig ist. Nicht räumlich, nicht zeitlich, nicht materiell. Nichts existiert außerhalb von ihm und alles ist in ihm. Er ist das ewige Sein selbst. Der Geist träumt einen Traum. In diesem Traum kann er sich in Form verschiedener Individuen selbst begegnen und beliebig viele Leben erleben und erfahren. Damit diese Leben und diese Begegnungen real erscheinen, muss der Geist sich in viele Teile fragmentieren. Die einzelnen Fragmente müssen dann die Wahrheit über ihre wahre Existenz vergessen.

Dieses Vergessen aber führt zur Bildung eines kollektiven Bewusstseins anstelle des Bewusstseins des Geistes selbst. Dieses kollektive Bewusstsein ist nun der Platzhalter für den ursprünglich schöpfenden Geist. Es gibt sich aber selbst als Schöpfer aus, einzig das Ziel verfolgend, seine Existenz zu wahren, denn es ist sich bewusst, dass es sich auflösen muss, wenn die Fragmente wieder zu sich selbst finden und sich an den Geist erinnern, der sie alle gemeinsam sind. So spielt sich das kollektive Bewusstsein durch subtile Suggestion als das sogenannte Gute auf und begründet dadurch die Fremdbestimmung des jeweils individuellen Bewusstseins der einzelnen Fragmente.

Weil die einzelnen Fragmente mit ihrem jeweiligen Körper identifiziert sind, kann das kollektive Bewusstsein seine eigene Angst auf die Fragmente projizieren, indem es ihnen die Idee des Todes als Ende ihrer Existenz einpflanzt. Nun müssen diese während ihres Lebens laufend diese Idee verdrängen, da sie mangels des Wissens um die Geschehnisse nach dem Tod ihre Angst davor nicht verarbeiten können.

Also geben sie sich den Bedürfnissen des Lebens hin, um wiederum den Tod zu vergessen. Doch immer wieder begegnet dieser ihnen im Leben. So schaffen sie sich frei erfundene spirituelle Zufluchtsorte, märchenhafte Wesen und Erlösungsfantasien, um der ständigen Panik in ihrem Inneren zu entkommen. Das kollektive Bewusstsein suggeriert außerdem den einzelnen Fragmenten, es existiere ein Händeringen zwischen Gut und Böse.

Nur wer also gut ist im Sinne der jeweils gängigen Erlösungsfantasie, braucht sich nicht vor den Geschehnissen nach dem Tod zu fürchten. Parallel dazu suggeriert das kollektive Bewusstsein jedem einzelnen Fragment, dass es Strafe zu erwarten hätte, wenn es während seines Lebens nicht richtig gedacht, gelebt oder gehandelt hat.

In jedem einzelnen Fragment wirkt das kollektive Bewusstsein als bezugspersönliches Bewusstsein. Das kollektive Bewusstsein erschafft zudem seelenlose Figuren in diesem kollektiven Traummiteinander, die in diesem Buch beschrieben worden sind und die die Aufgabe haben, jegliche Erkenntnis der einzelnen Fragmente des Geistes um jeden Preis zu verhindern.

Das kollektive Bewusstsein und seine erschaffenen Figuren sowie das jeweilige bezugspersönliche Bewusstsein sind das sprichwörtliche Böse selbst und die einzige Ursache von Mangel, Krankheit, Leiden, Schmerz, Angst, Verlust und Untergang.

Der Tod, ursprünglich als sanfter Übergang in ein neues Leben gedacht, wird als diabolisches Instrument missbraucht.

Je mehr echte empathische Wesen sich von diesem Mechanismus abwenden, sich auf diese Weise von den damit verbundenen Überzeugungen lösen, zu selbstbestimmten Erkenntnissen kommen und sich der Wahrheit stellen, desto mehr von ihnen erinnern sich an den einen Geist, der wir alle in Wahrheit sind. Dies wird das Ende und die Lösung von jeglichem Narzissmus und dem Traumbewusstsein sein, das im Geist das Böse begründete, nur um seine eingebildete Existenz um jeden beliebigen Preis zu bewahren.

Noch nicht das letzte Wort

Es ist nicht sinnvoll, die Informationen, die dir durch dieses Buch vermittelt werden, in philosophische Systeme integrieren zu wollen. Du würdest eine neue Halbwahrheit erschaffen, wie es schon in vielen spirituellen Systemen, Büchern und Gemeinschaften praktiziert wurde und wird. In vielen Religionen und Sekten werden solche Halbwahrheiten benutzt, um letztendlich doch die Schäfchen im Stall zu halten und um so die Erkenntnis der Wahrheit kurz vor der Zielgeraden abzuwenden.

Alle diese Systeme versuchen dich auf den Inhalt oder die Form der Wahrnehmung zu lenken. Gelingt dies, lässt du dich auf sinnlose Grübeleien über Schuld, Sinn, Schicksal, Karma und moralische Vorstellungen über Richtig und Falsch ein. Du bist dann ewig auf der Suche und jedes Mal erfährst du, kurz bevor du zu einem Ergebnis kommst, die nächste Ablenkung.

Ein neues Buch, ein neues System, eine neue Gemeinschaft, ein neuer Guru oder eine neue Philosophie. Es ist dem kollektiven Bewusstsein völlig egal, ob du die Wahrheit suchst. Solange du mit dem Verstand deiner momentanen körperlichen Erfahrung identifiziert bist, dich auf der ewigen Suche befindest und nie irgendwo ankommst, ist alles in Ordnung.

Du musst selbst herausfinden, was du wahrhaftig bist, und du musst dir vollkommen klar darüber werden, was oder wer du nicht bist.

Als die Physiker Heisenberg und Bohr in den 20er Jahren des 20. Jahrhunderts in Kopenhagen die relative Unschärfe diskutierten, sind sie gedanklich so weit gekommen, dass sie erkannten, dass ein Beobachter jeglicher Wahrnehmung weder der menschliche Körper noch etwas in ihm sein kann (die Quantentheorie ist keine Theorie, sondern eine Entdeckung. Die Namensgebung ist irreführend und erfüllt auf diese Weise den Zweck des Nichterkennens).

Der Körper selbst gehört zur Wahrnehmung dazu, die wiederum niemals ursprünglich sein kann. Die Wahrnehmung befindet sich, genauso wie es sich bei einem Traum verhält, im Bewusstsein des Beobachters und nicht umgekehrt.

Um das akzeptieren zu können, ist ein Wechsel der Perspektive unumgänglich: Konsequent logisch zu Ende gedacht, ist der Sitz des Bewusstseins des Beobachters ein fragmentierter Teil des Geistes, der einzig und ewig ist. Diese Schlussfolgerung wiederum ist nicht zu verwechseln mit einer religiösen Erklärung oder einer erneuten spirituellen Verschiebung, die nur wieder Götzen über dich stellen will, denen du dich dann in Demut unterwerfen sollst.

Keine Götzen, keine Wesen von anderen Galaxien und keine Geisterwesen, sondern einzig und allein die Wahrheit wird hier behandelt.

Gegen Ende der 50er Jahre des 20. Jahrhunderts, nicht lange nach Einsteins Tod, fand ein gemeinsames Treffen der westlichen Universitäten statt. Bei diesem Treffen wurde beschlossen, das in diesem Buch dargestellte Wissen der Öffentlichkeit mit der Begründung vorzuenthalten, sie sei noch nicht so weit, damit verantwortungsvoll umzugehen. Das Wissen verblieb danach in einer kleinen elitären Gemeinschaft, die nun wiederum ihrerseits gefährliches Halbwissen daraus entwickelte und hinter den Kulissen einer demokratischen Gemeinschaft eine subtile materiell betonte Herrschaft über die Gesellschaft begründete.

Heute gibt es viele Menschen, die durch das sogenannte Gesetz der Anziehung auf ähnliche Weise zu materiellem Reichtum gelangen wollen. Das gelingt den wenigsten von ihnen, denn die Überzeugung, Tauschmittel anzuhäufen, würde zu materiellem Wohlstand führen und dieser garantiere ein wunder-volles Leben, ist ein auf dem Fundament von Mangel basierter Irrglaube.

Schuldumkehr

Das kollektive Bewusstsein versucht ständig mit allen ihm zur Verfügung stehenden Mitteln zu verhindern, dass du zur Erkenntnis der Wahrheit gelangst. Es besitzt weder Macht noch Energie, aber es besitzt die Möglichkeit, in deinem Bewusstsein zu spuken wie ein unsichtbares Gespenst, um dich zu manipulieren. Es versucht händeringend, dich dazu zu bewegen, die Verantwortung für jegliche negative Inhalte der Wahrnehmung jeglicher Menschen zu übernehmen, für die es selbst verantwortlich ist. Aber du sollst dich schuldig fühlen, damit du dich demütig unterwirfst.

Dies ist für dich als eine Art von Dauerablenkung vor-gesehen, die nicht nur dich, sondern jedes zur Empathie fähige wahrnehmende Wesen in den Bann ziehen soll.

In dem Moment, in dem du die Wahrheit über die Transformation der Wirklichkeit verstanden, verinnerlicht und akzeptiert hast, wird dir sofort bewusst, dass du nicht für negative Erscheinungen innerhalb der Wahrnehmung verantwortlich bist und dass es sowieso überhaupt nicht um irgendwelche Wahrnehmungsinhalte geht. Du bemerkst außerdem, dass die Illusion einer materiellen raumzeitlichen Welt dein Gefängnis gewesen ist. Aber ein vom kollektiven Bewusstsein befreiter Geist ist auch in Wahrheit frei.

Du begreifst nun, dass jegliche Inhalte der äußeren Wahrnehmung nur von sekundärer Wichtigkeit sind. Du kannst dich nun ganz nach innen wenden, um dich um dein Bewusstsein zu kümmern. Du betrachtest das Sein nicht mehr aus der Sicht anderer, sondern von deinem Selbst aus. Du fragst niemanden mehr, ob etwas funktioniert, ob du es darfst oder ob du es sollst. Du bist dir deiner wahren Identität bewusst.

Hast du nun den Boden unter deinen Füßen verloren? Hoffentlich, denn das ist absolut notwendig. Deine bisherige Orientierung ist die Falle gewesen, die dich bis jetzt festgehalten hat. Die Welt, von der du jetzt in diesem Moment immer noch überzeugt bist, dass sie existiert und in der du lebst, ist ein Traum des fragmentierten Geistes, der du in Wahrheit bist.

Wenn du die Wahrheit über die Transformation der Wirklichkeit in dein bisheriges Weltbild integrieren möchtest, wirst du scheitern. Genauso scheitern alle Naturwissenschaftler, die versuchen, die klassischen physikalischen Gesetze nach Isaac Newton mit der Quantentheorie zu vereinen.

Du kannst nichts in irgendetwas integrieren, dass tatsächlich drum herum existiert. Die klassische Physik beschreibt beobachtbare Abläufe innerhalb der Wahrnehmung, während die Quantentheorie eine Beschreibung der tatsächlichen Zusammensetzung der Wahrnehmung ist und auf deren Entstehung hinter den Kulissen von Raum und Zeit hinweist. Jegliche Versuche, die Quantentheorie in die klassische Physik zu integrieren, sollten ausschließlich dem Erhalt des hier in diesem Buch beschriebenen Irrglaubens dienen. Du sollst dich in deiner Suche nach der

Wahrheit im Kreis drehen und auf keinen Fall irgendetwas bemerken.

Nun kann dir auch bewusstwerden, dass jegliche Macht immer nur bei dir liegt. Sie ist nirgendwo sonst möglich. Jemand oder etwas, der oder das darauf angewiesen ist, dich zu manipulieren, offenbart dadurch seine Abhängigkeit und seine tatsächliche Ohnmacht.

Sortiere dein Denken sorgfältig und achte darauf, wem oder was du deine Aufmerksamkeit schenkst. Die Gedanken deines bezugspersönlichen Bewusstseins sind wie Stimmen in dir, die nicht deine sind. Es sind die Stimmen der Identifizierung mit deinem raumzeitlichen Bewusstsein, deinem menschlichen Körper und deiner Illusion einer Welt.

Machtumkehr

Und doch, nachdem du dieses Ganze gelesen hast und vielleicht verstanden hast oder noch verstehen wirst, ist da immer wieder ein Impuls in dir, diese Zusammenhänge nicht zu glauben oder vielmehr nicht glauben zu dürfen. Es ist dein bezugspersönliches Bewusstsein, das tatsächlich ein kleines eingeschüchtertes schutzloses Kind ist, das sich in seiner Not einst gezwungen sah, sich dem kollektiven Bewusstsein demütig zu unterwerfen.

Es ist der Teil deines Geistes, der geheilt werden muss. Dieses geschieht, wenn du dessen Überzeugungen loslässt und die Erkenntnis der Wahrheit zulässt.

Ich beschreibe dir nun den großen Trick, durch den du schon als Kind gefügig gemacht wurdest. Dieser Trick wurde in allen Zeiten und in allen Kulturen angewendet.

Als Kind lebst du in einer Gemeinschaft, die sich zu bestimmten spirituellen und/oder religiösen Ideen bekennt. Im besten Fall könnte es sich dabei um die Erkenntnis der Wahrheit handeln. Im schlimmsten Fall handelt es sich um eine absichtliche Verschiebung der Wahrheit.

Sämtliche Kräfte, Eigenschaften und Fähigkeiten, die tatsächlich deinem eigenen Bewusstsein innewohnen, das ein Teil des einen Geistes ist, werden einem oder mehreren übermenschlichen bzw. geistigen Wesen zugeschrieben, die getrennt von dir existieren würden und die als alleinige Schöpfer, machtausübende Instanzen und Energie spendende Quellen agieren würden.

Da man dir diese Dinge mitgeteilt hat, als du noch ein Kind warst und dein Bewusstsein sich erst langsam entwickelte, konnte sich dieser wahnsinnige Glaube in deinem Unbewussten manifestieren und wirkt seitdem autosuggestiv auf dein waches Bewusstsein ein. Du wirst so lange scheitern, bis du dich von diesem

Glauben befreit hast und die damit verbundene bezugspersönliche Überzeugung aufgelöst hast.

Ganze historische Abläufe wurden bewusst gefälscht oder manipuliert. Menschen, denen die Wahrheit bewusstwurde und die das Prinzip der Transformation öffentlich verkündeten oder vorführten, wurden von den jeweils gegenwärtigen narzisstischen weltlichen Machthabern verfolgt und nicht selten ermordet.

Da ihr Wirken aber von der Öffentlichkeit wahrgenommen wurde, musste ihre jeweilige individuelle Geschichte im Nachhinein verfälscht, zu einer Legende umformuliert und mit jeweils populären höheren Wesen in Verbindung gebracht werden. Diesen konnte dann die Macht zugeschrieben werden, die in Wahrheit einzig und allein auf dem Prinzip der Transformierung beruht.

Es wurden die Wahrheit verschleiernde Schriften verbreitet, um die Menschheit immer wieder erneut mit Halbwahrheiten zu täuschen und die wahren

Zusammenhänge zu vertuschen. Andersdenkende wurden gnadenlos verfolgt und zum Zweck der öffentlichen Einschüchterung auch getötet.

Dieses Buch ist ein Schlüssel zum Entrinnen aus diesem diabolischen Mechanismus. Dein Geist wartet schon seit langer Zeit darauf. Durch den Weg über die Erkenntnis der Wahrheit wirst du ihn erlösen.

Frieden sei mit dir.